U0522897

[美] 帕特里克·兰西奥尼（Patrick Lencioni） 著

打破部门壁垒
共担责任，共创卓越

（经典版）

SILOS, POLITICS and TURF WARS

A LEADERSHIP FABLE
about destroying the barriers that turn
colleagues into competitors

闪燕 译

电子工业出版社
Publishing House of Electronics Industry
北京·BEIJING

Patrick Lencioni: Silos, Politics and Turf Wars: A Leadership Fable about Destroying the Barriers That Turn Colleagues into Competitors

ISBN: 978-0787976385

Copyright © 2006 by Patrick Lencioni.

All rights reserved.

Authorized translation from the English language edition published by John Wiley & Sons, Inc. Responsibility for the accuracy of the translation rests solely with Century Wave Culture Development Co-PHEI and is not the responsibility of John Wiley & Sons, Inc. No part of this book may be reproduced in any form without the written permission of John Wiley & Sons International Rights, Inc.

Simplified Chinese translation edition copyrights © 2023 by Century Wave Culture Development Co-PHEI.

Copies of this book sold without a Wiley sticker on the cover are unauthorized and illegal.

本书中文简体字版经由John Wiley & Sons, Inc.授权电子工业出版社独家出版发行。
未经书面许可，不得以任何方式抄袭、复制或节录本书中的任何内容。

版权贸易合同登记号　图字：01-2016-4003

图书在版编目（CIP）数据

打破部门壁垒：共担责任，共创卓越：经典版 /（美）帕特里克·兰西奥尼（Patrick Lencioni）著；闪燕译．—北京：电子工业出版社，2023.1
书名原文：Silos, Politics and Turf Wars: A Leadership Fable About Destroying the Barriers That Turn Colleagues Into Competitors
ISBN 978-7-121-44599-6

Ⅰ．①打… Ⅱ．①帕… ②闪… Ⅲ．①企业管理－组织管理学 Ⅳ．① F272.9

中国版本图书馆 CIP 数据核字（2022）第 225179 号

责任编辑：吴亚芬
印　　刷：北京捷迅佳彩印刷有限公司
装　　订：北京捷迅佳彩印刷有限公司
出版发行：电子工业出版社
　　　　　北京市海淀区万寿路173信箱　邮编：100036
开　　本：880×1230　1/32　印张：6.75　字数：112千字
版　　次：2023年1月第1版
印　　次：2023年8月第2次印刷
定　　价：68.00元

凡所购买电子工业出版社图书有缺损问题，请向购买书店调换。若书店售缺，请与本社发行部联系，联系及邮购电话：（010）88254888，88258888。
质量投诉请发邮件至zlts@phei.com.cn，盗版侵权举报请发邮件至dbqq@phei.com.cn。
本书咨询联系方式：（010）88254199，sjb@phei.com.cn。

帕特里克·兰西奥尼的其他著作

《CEO 的五大诱惑》（*The Five Temptations of a CEO*）

《CEO 的四大迷思》
（*The Four Obsessions of an Extraordinary Executive*）

《团队协作的五大障碍》（*The Five Dysfunctions of a Team*）

《别被会议累死》（*Death by Meeting*）

《克服团队协作的五种障碍》
（*Overcoming the Five Dysfunctions of a Team*）

《痛苦工作的三个迹象》
（*The Three Signs of a Miserable Job*）

《困扰职业家庭的三个重要问题》
（*The Three Big Questions for a Frantic Family*）

《示人以真》（*Getting Naked*）

《优势》（*The Advantage*）

《理想的团队成员》（*The Ideal Team Player*）

《动机》（*The Motive*）

前　言

几十年前，我第一次在企业中听到"部门壁垒"这个词，它总是用来描述组织内部的部门之间的办公室政治和地盘争端。当时，我以为这个词会像其他管理学术语一样最终消失，然而它并没有消失。

事实上，现在的"部门壁垒"问题所造成的困扰更严重了。当我告诉一些客户我打算写一本关于"部门壁垒"的书时，他们似乎都有一种本能的反应："请写这本书，我们公司的部门冲突快把我逼疯了！"

虽然为人们渴望解决的问题提出解决方案似乎是一件好事，但是我对"部门壁垒"的看法可能并不是一些领导者所希望听到的。

这是因为，和我合作过的很多领导者在面对"部门壁垒"问题时，都倾向于从员工身上找问题，并想："为什么这些员工就不能学着和其他部门的员工好好相处？难道他们不知道大家是一个团队吗？"他们太过频繁地采取了一系列善意的但并不明智的行动，如组织培训、张贴备忘录和宣传海报等，意在激励员工一起工作。

然而，这些举措只会激起员工的冷嘲热讽，即使他们非常希望消除使他们的工作和生活都痛苦不堪的"部门壁垒"问题。但问题是，他们对此无能为力，除非他们的领导者提供帮助。

领导者需要做的第一步，是解决阻碍团队成员之间良好协作的行为问题，即我在《团队协作的五大障碍》一书中所提倡的做法。因为，即使是行为上具有凝聚力的团队也无法避免"部门壁垒"问题，而这会使团队成员质疑彼此的信任和承诺。

因此，要想打破"部门壁垒"，领导者必须超越行为层面，着眼于整个企业来解决"部门壁垒"问题。本书的目的是提供一个简单而强大的工具模型，帮助大家解决企业的"部门壁垒"问题，并减少其带来的痛苦。这种痛苦不应该被低估。

"部门壁垒"问题会导致浪费企业资源、降低生产效率、危及目标达成，甚至摧毁整个组织。除此之外，它让相当多的个人成为牺牲品。它使员工与本应是队友的人互相争斗，从而使他们感到沮丧、有压力和失望。也许没有什么比使员工不得不与自己组织内部的人争斗更能引起职业焦虑和愤怒的了,更不用说人员流动了。这种工作上的压力会进而渗入员工的家庭、友情等个人生活场景。

好在这一切都是可以避免的。事实上,我从未有其他的工具像本书所阐述的模型一样被如此广泛地应用于各个企业客户中。

和我的其他作品一样,本书通过一个虚构的寓言故事来展开。不同的是,本书所描绘的并非一家而是好几家公司如何消除内斗、最终提升企业凝聚力的情况。

我诚挚地希望本书可以帮助你同样做到这一点。

目 录

寓言：成功创业的故事　　// 001

理论与总结　　// 159

"部门壁垒"问题　　// 160

打破"部门壁垒"的工具模型　　// 163

如何确立主题目标　　// 173

案例研究　　// 175

围绕主题目标进行管理　　// 184

主题目标与矩阵式组织结构　　// 192

打破壁垒从现在开始　　// 194

致谢　// 196

寓言

成功创业的故事

主要人物介绍

裘德·卡曾斯　　　　　卡曾斯咨询公司创始人（CEO）

特蕾莎　　　　　　　　裘德·卡曾斯的妻子

卡特·贝尔　　　　　　贝奇科技公司CEO

　　　　　　　　　　　（原贝尔金融系统公司CEO）

丹特·卢卡　　　　　　麦迪逊酒店老板

布莱恩·贝利　　　　　JMJ健身器械公司CEO

琳赛·瓦格纳　　　　　萨克拉门托儿童医院的院长

拉尔夫·科洛姆巴诺　　圣体教会的神父

引言：短暂的创业激情

仅仅5个月，裘德·卡曾斯（以下简称裘德）创业的激情和兴奋就逐渐变成了焦虑和恐慌。虽然他之前确实从未开过公司，也不知道会发生什么，但5个月对裘德来说似乎太短了。严格来说，卡曾斯咨询公司并不是一家真正的公司，因为这家公司只有裘德一人在自己家中的一间空卧室里做咨询业务。在卡曾斯咨询公司里，没有员工，没有办公室政治，只有裘德靠着他的激情为3个客户提供服务。遗憾的是，他这3个客户，其中两个的境况已经岌岌可危了。

创业之前

在创办自己的咨询公司之前的7年里,裘德在职业生涯中得到的只有鼓励和认可,而这只会放大他作为一名创业者的挫败感。

大学毕业后,裘德在新闻行业短暂地工作过一段时间,因为对当时的工作不满意,所以他之后在一家快速发展的财务软件公司——哈奇科技的市场部找了一份工作。

一开始,裘德只是一名文字编辑,之后便干遍了哈奇科技市场部的每种工作,其间还到产品部、运营部轮岗过。

由于他有优秀的职业道德、谦逊,并对自己所做的一切都充满好奇,再加上公司正值快速发展期,裘德频繁地被提拔。28岁时,也就是加入哈奇科技4年后,他被任命为市场部总监,直接向市场部副总裁汇报工作。

虽然裘德自身的能力很强,但他能在对科技不感兴趣的前提下取得现在的成功还是令人惊叹的。只是他自己知道，对于软件销售这件事，他并不是特别擅长，之所以能在哈奇科技做到现在的职位，只是因为他有永不满足的学习热情。这让裴德觉得现在的自己好像在带薪读商学院。

虽然市场部总监这个职位只是比裴德之前的职位高了一级，但这意味着他需要不断地面对与公司运营相关的挑战，从企业战略到组织结构，再到运营管理，而这一切都令他着迷。

然而，裴德不满足于只在一家公司学习。于是，他开始主动加入一些企业咨询委员会，为一些规模不大但正在成长的公司提供咨询建议。这些公司很高兴有像他这样有才华的人提供咨询建议，尤其是当这些建议都是免费提供的时候。

裴德急切地吸收一切能吸收的东西，并对如何经营公司形成了强烈的看法。裴德相信，创办公司是他职业生涯的最终目标，而认识裴德的人都认为，他有一天终会成为CEO。

一帆风顺

从个人的角度来看，裘德的家庭生活正朝着美好的方向发展。

他和特蕾莎结婚3年，刚在奥林达购置了一所房屋，面积虽然不大，但可以看到旧金山海湾。虽然他们不是非常富有，但在生活上有一定的经济保障。比较重要的是，他们在这个地区有一群亲密无间的朋友。此外，他们参与当地的社区活动，为朋友、邻居提供帮助。

从职业的角度来看，裘德拥有他所需要的一切。无论是在哈奇科技做市场部总监，还是为企业做咨询顾问，他都很喜欢。虽然裘德的工作量不小，但工作内容有趣且在他的可控范围之内。

在这种情况下，裘德完全没考虑过换工作，直到突然有一天，哈奇科技与另一家公司合并了。

公司合并

尽管哈奇科技曾向媒体宣布和贝尔金融系统公司（以下简称贝尔金融）的合并是一次"对等的合并"，但任何了解市场的人都知道，哈奇科技在被规模略大的竞争对手贝尔金融收购一事上处于劣势。傲慢的贝尔金融CEO卡特·贝尔（以下简称卡特）在业内的知名度要高得多，他肯定不会在一次并购中失去对公司的控制权。

但由于卡特不想在交易完成后过早地打乱新局面，所以将新公司名定为贝奇科技，并特意建立了一个独特的管理体系，设置了两个销售部总监、两个市场部总监等。结果，这样做不仅在新组织中播下了不满的种子，还被员工吐槽公司的管理体系。

然而，幸运的是，这次合并被股票市场分析员所看好，所以虽然在签订合并协议时，双方公司的员工很痛苦，但新公司的股价上涨了很多。

对裘德来说,他的权力和职责被另一位市场部总监接手了一半。不过,在克服了短暂的失望和不适之后,裘德接受了他的新处境。事实上,他开始喜欢现在的安排,因为这让他有更多的时间陪伴妻子、打高尔夫球和投身于他的咨询顾问事业。他时常在想:"莫非这就是上天的安排?"

暗箭难防

随着时间的推移,裘德发现,要把事情做好越来越难。公司内部开会的次数越来越多、时间越来越长,并且掺杂了办公室政治在里面。幕后交易逐渐成了部门间做决策和沟通的主要手段,而相互指责已成为常态。

裘德承认,合并前的公司虽并不完美,部门间同样存在冲突和竞争,但都是明面上的,还不至于发展到如此地步。然而,自从合并以来,部门内斗已升级到前所未见的激烈程度。大家的注意力已经转向公司内部:从关注客户和竞争对手等问题,转向预算、头衔的争夺和错误、责任的推卸方面。虽说公司合并会导致出现两家公司员工之间的冲突问题,但没想到公司内部的冲突会不断升级,如公司总部与各地分公司之间,销售部与技术部之间……就连市场部内部也未能幸免,地盘之争让人感到既荒谬又有害。

距离公司合并仅过去两个多月,贝奇科技就发生了一件令人难以置信的事情。这件事要追溯到合并前,当时哈奇科技和贝尔金融都在知名杂志《今日科技》上保持着很高的广告影响力。在新市场部的一次会议上,裘德提出了一种新的广告策略,这不仅可以使贝奇科技在《今日科技》上的整体广告覆盖率翻倍,还可以把整合后的产品信息完整地传达给读者。

在简短地介绍了新广告策略后,裘德看到满屋子的人都点头,并听到同事们异口同声地说"看起来不错"和"听起来不错",这让他松了一口气。两周后,按照裘德的预期,贝奇科技的广告在《今日科技》的第40~41页刊登了,不仅突出了贝奇科技的整合产品包,还提供了打包购买所能享受到的优惠折扣。

然而,令人吃惊的是,在《今日科技》的第28页上,居然出现了另一则原贝尔金融的广告,且对合并后的贝奇科技只字未提。更可笑的是,这则广告中所提到的贝尔金融的产品价格,竟然比裘德的整合产品包中的优惠价格还低不少。虽然裘德平时不太容易生气,但此时他已被气得脸色发青。那些当时同意裘德的新策略却不按此执行的人所做的事情已经让裘德难以接受了,令他没想到的是,他们竟敢以牺牲新公司的利益为代价来降低价格。

然而，这都不算什么，令裘德最吃惊和不安的是，他的新老板——市场部副总裁和其他领导对此都不以为然。

裘德本以为会有一场针对自己的暴风骤雨，然而什么也没发生，他没有接到一个电话，收到一封邮件，甚至没有任何一个人问他"这是怎么回事"。对此，裘德很好奇。

然而，就在那时，裘德突然明白了：出现这样的事，可能不是那些参加裘德的会议且礼貌地同意他的策略的人造成的，真正的问题应该出在公司高层身上。

这么一来，裘德特别想弄清楚到底是怎么回事。于是，他找到自己的上司，问是否有人注意到了这个问题，以及是否感到不安。市场部副总裁无奈地解释道："这种事在刚合并的公司并不少见，你不会因此而受到指责的。"

在回到家吃晚饭时，裘德疑虑重重地向妻子特蕾莎说道："也许这就是大公司的运作方式吧，以后我可能需要低调点，把分内事干好就行了，有空则多在咨询服务那边下下功夫。"

说归说，但裘德很清楚，对他来说一味逃避并不是个好办法，因为问题通常是不会自行消失的，而他的性格也不允许他对发现的问题置之不理。

最终，因为裴德所持有的公司股票当时升值不少，让他有了一笔可观的收入，于是他决定重新找工作。

下定决心

当下大好的经济形势,再加上多年积累的人脉,裘德自然而然地得到了很多面试机会,很多企业都对他抛出了橄榄枝。这都在裘德的意料之中,唯一超乎他意料的是,他发现自己居然非常享受求职的过程。

每次面试都给了他一个了解一家新的公司、一个新的市场、一些新的挑战的机会。尽管他总是因持有贝奇科技很多股票而说服自己随便选一家公司入职即可,但一直没成功。此时,裘德产生了一个新的想法,而且他意识到,自己永远无法在一份普通的工作中找到他想要的多样性,他开始考虑自己是不是应该做一名企业咨询顾问。

在接下来的两个多月里,裘德继续他的求职面试,以通过面试满足他对咨询的兴趣。但每当他开始严肃认真地思考创办咨询公司这件事时,都会被贝奇科技的一个紧急项目拽回到日常工作中去。裘德回忆起那9周时间,感觉就像度过了职业生涯中最漫长的一年一样。

就在这时,尽管整个公司内部局面混乱,但贝奇科技的股票市值竟然达到了并购价格的3倍。裘德手中持有的似乎不再是金蛋,而是一只会下金蛋的鸡。即使裘德的工作年限并不足以让他兑换全部期权,但他所持有的股票的价值已经相当于他整整两年的薪水了。

这给了裘德一个信号——是时候自己干了。

辞职创业

当裘德小心翼翼地把创办咨询公司的想法告诉特蕾莎时,她的反应让裘德感到震惊。

"你知道的,通常我都会义无反顾地支持你。"裘德点了点头,特蕾莎继续说道,"但是现在,既然我是代表'两个人'来进行表态的,那自然要比平时慎重一些……"

起初,裘德并没有意识到特蕾莎指的是什么,之后他突然意识到:特蕾莎怀孕了。

经过半小时的热烈庆祝和甜蜜拥抱,他们的话题终于转回到裘德的工作上来了。特蕾莎明确表示了她的支持条件:"只要有充足的医疗保险,我完全支持你。"然后她给裘德打气:"冲着你对这行的热爱,我相信你会做得很好。"

裘德比任何人都要相信特蕾莎的直觉，他对自己即将要做的事情充满热情。于是，第二天早上，裘德提交了辞呈。经过3天的讨价还价和绝望的挣扎后，裘德终于恢复了自由身，只是付出了一些代价。

开业大吉

经过一周的忙碌,裴德在家里收拾出一间办公室和一个婴儿房,然后就开始了咨询公司CEO的冒险之旅了。为了避免出现企业家常犯的错误,即过分沉迷于给公司命名和设计标志(当时是1995年,所以不需要创建网站),裴德把精力集中在寻找客户上。就连特蕾莎也很惊讶,裴德只用了4天就搞定了3个付费客户,外加1个免费客户。

尽管对外宣称自己是一位富有市场运营经验的综合性顾问,但裴德心里清楚,他能拿下客户靠的是这三方面:一是多年来积累的信誉;二是与几家公司领导团队良好的人际关系;三是做销售工作时结下的好人缘。

有了付费客户,裴德终于肯花点时间考虑一些面子上的事情。在特蕾莎的建议下,裴德用自己的姓氏作为公司名,将公司命名为卡曾斯咨询公司。虽然表面上来看没什么创意,但对他们来说还有另一层含义。裴德一直告诉特蕾莎，他希望能够和客户建立一种类似家人的关系，也许无法达到直系亲属的程度，但可以如同表兄弟一般值得信赖，如同卡曾斯（cousins）的英文含义那样。之后，特蕾莎还为裘德的名片、信笺抬头和费用清单设计了一个简单而专业的Logo，这让卡曾斯咨询公司看起来很专业。

当然，最让裘德兴奋的不是这些表面上的事情，而是那些他即将为之服务的、来自不同行业的客户。

4个客户

麦迪逊酒店

裘德的第1个客户是麦迪逊酒店老板丹特·卢卡（以下简称丹特）。在过去的一年多时间里，裘德一直是所在的企业咨询顾问委员会中能力出众的顾问，丹特非常乐意裘德成为他们酒店的付费顾问。

麦迪逊酒店是旧金山地区历史最悠久、规模最大也是最负盛名的一家酒店。5年前，丹特买下了这家具有历史意义但破旧不堪的地标式酒店，并对酒店的300多间客房进行了大规模、昂贵的翻修，使其恢复了当地之宝的地位。此外，他还在业内获得了一些认可，因为他在酒店内推行扁平化的组织结构，并兼任董事长和总经理之职。

在历经实体改造和组织结构调整后的前3年，麦迪逊酒店的业务蓬勃发展。然而，随着最近两年高档连锁酒店的竞争日益激烈,麦迪逊酒店的入住率开始略有下降。丹特之所以聘请裘德作为咨询顾问,是希望裘德能够在市场定位和战略清晰等方面为他提供建议,以及能指出可以使酒店增加价值的地方。

JMJ健身器械公司

JMJ健身器械公司(以下简称JMJ)是裘德的第2个客户。与麦迪逊酒店身处繁华市区截然不同,JMJ的总部和工厂均位于旧金山以东约100千米的偏僻小镇曼特卡,专门为高端消费群体和专业机构生产健身器械。

JMJ的CEO布莱恩·贝利(以下简称布莱恩)曾长期担任哈奇科技的董事,在裘德快速晋升的过程中,布莱恩与裘德相识了。布莱恩很欣赏裘德,曾私下邀请他来JMJ工作,但因裘德不愿搬到曼特卡而未能成功。尽管如此,两人的关系在几次深入交谈后却变得更加亲密了。现如今,JMJ最需要的是在保证产品质量和生产效率的前提下降低运营成本,从而更好地应对海外廉价劳动力带来的激烈竞争。所以,他希望裘德能够对此提供帮助。

萨克拉门托儿童医院

说起来，JMJ的CEO布莱恩着实拉了裘德一把，不仅付费聘请了裘德做顾问，还把裘德推荐给自己的老朋友琳赛·瓦格纳（以下简称琳赛）——萨克拉门托儿童医院的院长。

琳赛在做了15年的儿科医生之后，开始进入管理层，并在医院里步步高升。裘德与琳赛第一次会面时，琳赛被任命为院长仅4周时间，还没有萌生找咨询顾问的想法。不过在和裘德谈了几小时后，她认为裘德可以帮助她尽快地完成新角色的转换。

圣体教会

除以上3个付费客户外，裘德还答应无偿为加州胡桃溪市圣体教会的拉尔夫·科洛姆巴诺神父（以下简称拉尔夫神父）提供帮助。拉尔夫神父在另一个教区做牧师时，刚好是裘德与特蕾莎的主婚牧师，最近被委派到胡桃溪市负责管理圣体教会的事务。

裘德向特蕾莎一五一十地介绍了4个客户的大致情况。在特蕾莎的追问下，裘德发现很难说究竟哪个客户最令他兴奋。首先，麦迪逊酒店就非常有意思，多年的出差经历让裘德能够从客户的角度去审视麦迪逊酒店的经营情况。尽管他曾是企业咨询顾问委员会的成员，还偶尔在麦迪逊酒店参加过婚礼酒宴，但裘德并未在那里住过一晚。他希望能够更加深入地了解这家酒店的幕后运营情况，以及是什么阻碍了酒店当下的发展。

萨克拉门托儿童医院使裘德感兴趣的原因有几个。首先，这项业务的复杂性引起了裘德的兴趣。其次，裘德发现与之前相对稳定的软件销售业务相比，医院的最大特点是24小时运营、任务突发性强，这让他既兴奋又有点无所适从。最后，最令裘德感兴趣的原因是，特蕾莎还有8个月就要生产了，他急切地想了解更多她将要经历的过程。

至于圣体教会，裘德很久以来就希望做些事情回报教会和拉尔夫神父，却苦于不知从何入手，而当下无疑正是绝佳机会。此外，他还一直想搞清楚教会在礼拜日之外到底是如何运作的。

除了以上3个客户，其实，最让裘德心动的还是JMJ。不仅因为这家健身器械公司存在具体的商业问题需要他去解决，而且裘德对制造业一直抱有兴趣——比起高科技产业，制造业的质量和产品管理看起来更接地气。更何况，多年以来裘德一直对布莱恩坦率、真诚的管理方式钦佩有加，如今则可以名正言顺地深入JMJ内部一探究竟。

对于最终会为这些客户带来什么价值，裘德还不是很清楚，但基于他在企业咨询顾问委员会的经验，以及对哈奇科技多年来聘请的众多顾问的观察，他相信自己能够为客户提供性价比高的价值。尽管如此，裘德还是怀疑自己是不是忽略了什么重要的东西。

初尝甜头

在最开始创业的3个月里,裴德就像一个在自家小糖果店里玩耍的孩子,可以随意品尝各式各样的糖果。他不是在JMJ的车间里进行调研,就是在参观儿童医院的手术室,或者带上特蕾莎深入麦迪逊酒店的总统套房来一次"客户体验"。

当然,在体验各种新鲜事物的同时,裴德认真观察着企业经营中存在的各类实际业务问题,然后想尽各种办法加以解决。无论是和客户讨论,还是观察他们的操作,裴德都很快乐,甚至将参加他们的会议视为一种享受。"我觉得我天生就是当咨询顾问的料!"裴德不止一次地对妻子说。

就像很多热爱自己工作的人一样,裴德获得了巨大的成功。仅仅在最初的几个月里,他就找到了为每位客户做出有意义贡献的方法。

在麦迪逊酒店,裴德说服丹特将营销目标从商务人士转移到高端休闲游客身上。裘德认为，尽管大型连锁酒店可以通过更便宜的价格和更先进的室内设备吸引商务人士，却不能为高端休闲游客提供麦迪逊酒店那样的氛围和独特性。因此，裘德建议丹特不要与对手打价格战，而是在营销上大力彰显麦迪逊酒店低调奢华、卓尔不群的上流品位。

在萨克拉门托儿童医院，裘德为不知所措的琳赛引入了一套简易的监控管理系统。这不仅可以使她监控医院正在进行的几十个项目，还使她避免在看似紧急但实际并不重要的项目上花费不必要的时间。此外，裘德还每周和琳赛有一次电话沟通，以给她一个发泄和讨论一些无法与医院员工谈及的敏感问题的机会。

在JMJ，基于新奇的视角和对制造业的热情，裘德成功地发现了一些被经验丰富的工厂经理们忽略的冗余流程。虽然裘德总是问一些简单问题，甚至令人好笑的简单问题，但他很自然和谦虚且不感到难堪，所以他赢得了工厂经理们的信任。和JMJ之前来过的傲慢的常春藤名校出身的高价顾问相比，工厂经理更愿意倾听裘德的建议和想法。

至于圣体教会方面，拉尔夫神父告诉裘德，教会面临人事上的一些变动。因此他想等一切稳定之后再让裘德参与进来。

  总而言之，开门营业一个季度以来，裘德的卡曾斯咨询公司的整体表现超出预期，不仅收入可观，客户满意度也很高。此外，特蕾莎非常喜欢裘德现在更灵活的工作时间，尤其是在她孕期已经过半的时候。此时，裘德正在享受人生中最美好的时光，他甚至常常奇怪自己为什么没有早点投身咨询行业。

出现危机

生活不仅美好,还会时不时给你点惊喜。

在一个例行孕检的日子,特蕾莎正在做B超。裘德开始下意识地分析身边医生和护士的行动,思考着如何能够帮助医院管理变得更有效率。突然,护士小姐"哇哦"一声惊呼,把他从游离的思绪中拽回到孕检现场。裘德看到护士正拿着超声波探头在特蕾莎腹部扫来扫去,眼睛盯着显示屏。

"怎么啦?"裘德和特蕾莎几乎异口同声地问道。

护士不再皱眉了,而是慢慢地把显示屏转向夫妻俩,微笑地说道:"你们看到我看到的了吗?"

特蕾莎和裘德对着显示屏研究了好一阵子,没看出什么异常。突然,特蕾莎激动地说道:"上帝啊,居然是两个!"

裘德一阵狂喜。当时的裘德既兴奋又恐慌。因为他意识到要承担双倍的责任,如喂奶、换尿布。之前当有人说照顾孩子会让人睡眠不足时,他总觉得太夸张了,现在听起来开始令人生畏了。

裘德从来没有想过双胞胎能让自己有经济上的困扰,尤其是当他的新咨询业务进展顺利的时候。在知道是双胞胎的那一天里,裘德感觉整个人似乎都处于游离状态。他在安抚了特蕾莎激动不已的情绪之后,开始与亲友分享这一好消息,以及思考着如何重新布置婴儿房。当时,他根本没时间看报纸或新闻。然而,当他第二天在报纸的头条新闻中看到"股市昨天出现5年来最大跌幅,高科技产业是重灾区"这条消息时,整个人都震惊不已。

裘德赶紧翻到有企业股价跌幅排名的地方,不由地倒吸了一口凉气,贝奇科技的股价位列跌幅榜第4位,一天之内股价直接下跌了30%。

此时,裘德还没有很沮丧,因为大跌之后总得触底反弹一下吧?

第二天,贝奇科技再跌20%。

双胞胎的震惊消息、股价的大幅度下跌已经让裘德焦头烂额了,而雪上加霜的是,裘德被认为是导致"贝奇科技股价大跌的幕后推手之一",而这可能会加剧裘德的经济困难。因为在《华尔街日报》的一篇文章中指出,受市场环境影响,高科技行业确实是受打击最严重的行业,而导致贝奇科技股价大跌的重要原因是高级管理人才的流失,特别是技术部和市场部的。

雪上加霜

裘德不是那种轻易恐慌的人。裘德的父亲曾开过30多年的杂货店,其间经历过很多起起落落;裘德也经历过艰难的职业转变,曾从芝加哥只身来到旧金山,在毫无人脉和经验的情况下从新闻行业转投于高科技产业,并打拼出一片天地,这些都使裘德明白创业的艰辛。此外,他能和特蕾莎在一起,也经历了很多困难,因为当时特蕾莎的朋友们都反对他们在一起。

裘德心想:现在,不就是要多养一个孩子吗,没什么问题。而当裘德知道特蕾莎的预产期会提前一个多月时,立即就懵了。琳赛还以为裘德是担心特蕾莎和孩子的安全问题,解释道:"别担心,早产在双胞胎中很常见,属于再正常不过的现象了。"

接下来琳赛把话题转到了工作上,她告诉裘德,医院需要把他的咨询服务费减半,她解释道:"只在医院敲定明年的预算之前是这样,过两个月,出了预算结果后,可以恢复正常。"

就在裘德从萨克拉门托返回旧金山的路上,JMJ的布莱恩打来了电话,听起来他心情大好:"嗨,裘德,我打电话是要感谢你这个月为工厂组装车间所做的工作。我们在设计和外购环节均采纳了你的建议,相信到年底可以为我们降低一大块成本。虽然我知道你很厉害,但没想到会这么容易实现我们的目标。"裘德长出一口气,心想总算听到个好消息,没想到布莱恩话锋一转:"所以你的咨询服务到月底就算是圆满完成了,把未结的账单寄过来,我会嘱咐财务准时给你打款。"

裘德惊呆了,但为了不让布莱恩觉察出他的异样,他强装平静地说道:"好,没问题,我明天就把相关材料给你发过去。"但因不希望一个客户就这么轻易流失,他接着说道:"我想问下,在最后,还需要我为你做些什么吗?"

布莱恩没有立即回应,这说明他可能没想过这个问题。不过,还好的是,至少布莱恩对此有过考虑。然后布莱恩反问裘德:"我暂时没什么特别的想法,你呢,有什么好的建议?"

裘德来不及细想，答道："嗯，我想在市场营销方面可以做一些事，不知道你们在销售方面的情况怎么样？"

布莱恩立刻礼貌地回应道："不用了，我们刚刚对市场营销情况做了评估，并且从一个竞争对手那里挖来了一个人。销售业务已经活跃起来了，按此发展，我们的销售应该没什么问题。"

裘德不想让自己感到绝望，所以淡定地说道："那好吧，如果有什么需要我帮忙的，你再找我吧。"

"一定。你为我们做了这么多，常联系！"

裘德应了一声，挂断电话，叹了口气。屋漏偏逢连夜雨，他开始觉得也许做咨询并不是个好主意。这步棋难道真的走错了？

想放弃创业

对裘德来说,有两个问题急需解决。首先,他需要更多的客户。这是显而易见的,虽然裘德有足够的钱来支付未来半年的账单,但半年后想要保持当下的生活水平就存在问题了。而他期望的贝奇科技的股票反弹貌似毫无希望。

其次,裘德需要一些可以卖给客户的产品。显而易见,这个简单的问题被裘德忽略掉了。因为之前,作为企业咨询顾问委员会的成员,裘德不需要将自己聚焦在某个特定领域上,即使仅依靠自己在市场营销和运营方面的才能,也可以轻松地找到客户,更别提自己还能提供其他附加价值。

在裘德还是市场部总监的时候,就以自己是通才而自豪。裘德认为这不仅会使自己成为很好的企业咨询顾问,而且避免被限定在某一领域。而如今,情况显然不同了,他竟然找不到一个聚焦的方向。

经过一周的冥思苦想,裘德有点泄气了。他开始觉得自己即将要养活四口之家了,还在这么瞎折腾,他决定放弃创业了。

重燃希望

吃晚饭时,裘德告诉了特蕾莎自己的想法。

特蕾莎生气地说道:"嘿,亲爱的,在你创业的这几个月中,你知道你有多么享受你的工作吗,你开心的次数比过去5年加起来的还要多。"

裘德无奈地点了点头,然后反驳道:"我还想当一个纵横黑白两道的西部牛仔呢,你也乐意吗?"

"这不一样。你不是个天生的牛仔。"

裘德一下子没反应过来,一脸疑惑:"你是说……"

"但你天生是个优秀的顾问,是你自己说的。所以,你不能因为遇到一点挫折就想回到贝奇科技或到其他公司继续夹起尾巴当什么总监吧。"

裘德最终同意了妻子的意见,决定继续他的咨询业务。

重新出发

如同常常给客户建议的那样,裴德决定要探究"问题背后的问题"。裴德开始从原点着手,询问他的客户们,他们想要什么,有什么事让他们在夜里辗转难眠,或者突然生气,或者想要放弃逃离,抑或痛心疾首、不惜代价地想要做出某些改变?

儿童医院的琳赛、JMJ的布莱恩、麦迪逊酒店的丹特、教会的拉尔夫神父,以及其他几位认识的老总……裴德在逐一和他们交谈时,不仅记录下交谈内容,还尽可能地多做笔记。之后,他反复听着录音和翻看笔记,试图寻找这些企业存在的共同问题。

裴德发现,有几位提到了质量问题,而大部分则没有。

其中,儿童医院和麦迪逊酒店的人提到过劳资和工会问题,但只有他们提到了这个问题,其他人则没有提到。

虽然，他们都提到了技术挑战，但是都已经请了不少顾问来解决了，更何况裘德对技术既不感兴趣也不擅长。

直到裘德第3次翻看笔记时，他才有了突破："就是这个问题了！"

找到突破

对于裘德所指的这个问题,丹特提到过2次,琳赛用不同的表达方式提到过3次,拉尔夫神父提到此类问题时激动得差点要开始爆粗口,其他人也都不同程度地提过——除了布莱恩,差不多所有人都抱怨过至少一次。这个问题就是"部门壁垒"。尽管大家各自的用语不同,如"部门间政治、内讧、部门协作匮乏",但基本都在沟通中提到过"部门壁垒"这个问题。

琳赛称儿童医院的医生和其他职工之间几乎总在开战。麦迪逊酒店那边,丹特说前台人员与客房人员、维修人员一直都合不来。拉尔夫神父说教区委员会、家长委员会和教师委员会每次都会在如何使用学校设施的问题上存在分歧。

这些让裘德想到离开贝奇科技时的情景,总部和各地分公司之间,销售部和技术部之间,以及哈奇系和贝尔系两拨员工之间……显然,这些问题一直都客观存在,只不过裘德没有意识到竟是如此普遍，而且给各个企业的CEO们带来了很大困扰。随着深入的思考和不断的求证，裘德越来越相信"部门壁垒"就是他的咨询公司未来的关键业务方向。

接下来裘德则需要解决两个问题。第1个问题，要找到解决方案。有了贝奇科技的亲身体验，他对此充满了信心。第2个问题，要有客户给自己实施方案的机会。考虑第2个问题比第1个更难解决，所以裘德打算先从第2个问题开始推动。

达成共识

裘德先给麦迪逊酒店的丹特打了第1个电话，说了自己可以解决"部门壁垒"问题这件事，因为丹特是一个付费客户，所以裘德觉得比较有把握能够推动这件事。

"说真的，"丹特的反应很热烈，"如果能让这些人合作起来，我给你付双倍的费用。"

之后，他给琳赛打了第2个电话。

琳赛在得知裘德能解决"部门壁垒"问题时，她的兴奋程度不比丹特低，只是还是有之前提过的财务方面的阻碍。"我非常希望你能够帮助我们解决医生、护士和行政系统之间的问题，只是明年的预算方案还未最终确定……"琳赛停顿了一下，下了决心："算了，好歹我也是医院的院长，看能不能调动一部分备用金把这事做了。3周之内我给你答复！"

尽管医院方面没有马上同意让裘德开始做这项业务，但裘德肯定自己抓住了一个客户的痛点问题。现在只是，他还需要一个客户。

他曾考虑给JMJ的布莱恩打电话，但后来没打，因为布莱恩没有提到"部门壁垒"问题。

就在这时，裘德脑海中闪过了一个说不清是明智还是愚蠢的想法——问问贝奇科技那边有没有意向？

虽然裘德深知贝奇科技存在部门内斗问题，但是因为《华尔街日报》的那篇将贝奇科技股票大跌的主要责任归到裘德等高层管理人员流失的文章，贝奇科技的领导团队可能会对裘德心存芥蒂。所以，即使他们知道公司存在这个问题，但也未必会让裘德介入进来。

没了主意的裘德想听听特蕾莎的意见。

"你完全应该和他们好好谈谈。最坏的结果无非就是谈不成而已，又没什么损失。"特蕾莎说道。

裘德反驳道："他们会借机践踏我的尊严。"

特蕾莎太了解裘德要面子的想法，所以笑着说道："理解，这个当然非常重要，但除了面子，还有什么吗？"

这下换成裘德笑了："行啦行啦，我知道没什么大不了的，最多就是拒绝我。就算要嘲笑，也会背地里嘲笑。"

"我倒觉得他们不会嘲笑你，反而八成会聘请你当他们的企业咨询顾问。"特蕾莎说道。

裴德大声说道："你越说越离谱了，我是炒了公司鱿鱼的人，况且他们现在财务上可能糟糕透顶。他们不会讨厌我吗？"

特蕾莎坚定地摇了摇头："不，我不这么看，我觉得他们会对你刮目相看的。并且你现在是一个局外人，这个身份说不定会有助于解决他们的问题。如果你能以顾问的身份助他们一臂之力，多少也是一种补偿！"

看裴德仍在沉思，特蕾莎接着说道："不信的话，我跟你打50元的赌，押他们会同意你做顾问。"

裴德似乎被她说动了："嗯，布莱恩现在还是他们那儿的董事，他会告诉他们我在JMJ的业绩的。"

特蕾莎听出了苗头，继续鼓励地说道："这就对了，而且你也没什么好损失的。"

"除了丢点面子。"裴德自嘲地说道。

"还有50元。"特蕾莎补充道。

重回贝奇科技前

让裘德颇感意外的是，他毫不费力地与贝奇科技的CEO卡特约好了一次会面。

因为裘德在离开贝奇科技前，并未和卡特接触过，所以卡特在电话里的热情让裘德认为，这个人似乎不像传闻中说的那么傲慢。难道是因为当前公司业绩的下滑让老板变得谦逊了，还是因为布莱恩的鼎力推荐起了作用？裘德隐约感觉到，50元的赌约看来要输了。

在见到卡特之前，还有一个小插曲。那就是会面时间被临时推迟了10天，因为卡特有一个非常重要的会议要参加。

这个变化并未对裘德产生任何影响，因为他正好可以利用这段时间好好思考一下解决方案的事。

就从麦迪逊酒店开始吧！

深思熟虑之后，裘德向丹特提出了一个"双管齐下"的方法以消除"部门壁垒"的现象，主要包括前厅部和客服部两大业务部门，涉及前台人员、礼宾员、客房清洁工和维修工等员工群体。

首先，调整各部门的薪酬体系，包括增加酒店的整体指标在各部门考核管理中的权重，如客户满意度、营收和利润率等。对此，裘德毫不费力地就得到了丹特和人力资源部副总裁的认可。只是让裘德感到吃惊的是，他们竟然从未考虑过这件事。

其次，让来自前厅部和客服部的更多员工参加会议。

落地测试

来自前厅部和客服部的65名员工聚集在麦迪逊酒店一层的一间中型会议室。除只有少数员工必须在岗值守外，两大部门的员工基本都到齐了。等到人都按分配好的小组坐定时，裘德竟然发现，会议现场的气氛非常融洽，大家有说有笑，似乎接下来是要看电影一样。

丹特、前厅部和客服部两大业务部门的副总裁都参加了此次会议。

会议一开始，丹特说道："今天请大家来这里开会是为了改善我们部门之间的工作关系。希望大家不要互相指责或重提过去，而是要清除障碍，为我们的客人提供更好的入住体验，为自己创造更好的工作体验。"

虽然在场的每个人都在看着丹特，但没有人做出任何反应。随后，丹特例行公事般地向大家介绍了裘德："裘德·卡曾斯先生担任我们的企业咨询顾问好几年了,相信在裴德先生的主持下,今天的会议一定是富有成效且有趣的。"

说完之后,丹特和他的两位副总裁离开了会议室。

他们刚一走,裴德就注意到部分员工在身体语言和表情上的微妙变化。坐在裴德面前的几位员工感觉到有点紧张,而有几位员工甚至对着丹特他们的背影一脸嫌弃地翻白眼。裴德根本没想到员工竟然能够如此不尊重领导。这一瞬间裴德感觉自己像一只被扔进狼群中的羊,或者像一个要管理一群愤怒的学生的代课老师。裴德明白,如果他不能迅速地控制现场情况,则没法进行后面的事情。裴德让大家彼此交换下位置,但没有一个人动。裴德再次严肃地说道:"请大家交换下位置。"

慢慢地,大家开始动了起来,5分钟后,大家都互换了位置,每组相互挨着的人基本都不认识了。

裴德紧接着说道:"我知道你们很多人都相互认识,但我还是希望大家在接下来的15分钟里相互之间做一个自我介绍。需要说明的是,在做自我介绍时,除了介绍姓名和职务，还需要回答一个问题：'迄今为止你做过的最糟糕的工作是什么？'"

在大家都听清楚之后，裘德接着说道："不过可千万别说是现在的这份工作。"听到这句话，大家都笑了。

刚开始，大家都不好意思开口，只是互相在笑，但慢慢地，大家都开始和身边的人讨论了起来。

这让裘德感到还不错，但他知道还有问题等着他解决。

在大家讨论了15分钟之后，裘德发出了下一个指令："现在请大家用半小时想想并列出哪些事情可能会阻碍自己以最佳的方式、状态完成当前岗位的工作。注意，可以是任何事物、任何因素，不需要追求措辞和分类，只要是不利于你漂亮地完成工作就尽管写上去。"

他指了指各组旁边的白板："每组选出一个人来写，一个人来发言。"

大家很快就互动起来，会议室里充满了笑声。此时，裘德很清楚：麦迪逊酒店的"部门壁垒"问题被夸大了。

等到每组都写完后，裘德走到每个小组前，请每组发言人向大家汇报本组的发现。10分钟后所有小组汇报完毕，裘德把收集到的24个问题清单贴在墙上。截至目前，会议开了不到1小时，员工们已经识别出了他们在工作中所面临的主要问题。

裘德让大家休息了一会儿，趁着这个工夫，他把24个问题分成了5类：

1. 因客房打扫速度太慢而导致客人延迟入住的问题；

2. 来自前台关于客房优先级的不准确信息的问题；

3. 客人扎堆入住的问题；

4. 前台人员和礼宾员不愿在高峰期帮忙分担一些职责以外的工作的问题；

5. 前台人员对待客服部员工的态度不好的问题。

面对这个结果，裘德似乎看到一场部门间的扯皮大战一触即发。

休息时间结束后，会议室又坐满了人，只是让裘德没有想到的是，所有人又都回到了没调整位置前的座位上。客房清洁工坐在一起，维修工、前台人员、礼宾员同样各自扎堆。裘德只好再次要求大家重回休息前的位置。在换座位的时候，几乎所有人都看到了裘德的归纳结果，相当一部分人不住地点头，好像在说，"嗯，没错""对，这正是问题所在"。

裘德感到很欣慰，对5类问题做了简要介绍，问道："在我们进入下一议题前，大家还有要补充的问题吗？如果没有的话，我们将开始集中精力寻求这些问题的解决方案。"

正当裘德准备往下进行时，会议室后面有人举手了，站起来的是位身材高大、金发盘头的前台经理："是要从中挑出任何一个方面的问题讨论解决方案吗？"没等裘德回答，又补充说道："我想谈谈第一个，客房打扫速度太慢的问题。"她的话音刚落，一些客房清洁工立马翻起了白眼。裘德请她坐下，解释道："不是的，我会把这些问题随机地分配给你们每个小组，这样可以确保每类问题都可以得到比较充分的讨论。"

在接下来的半小时里，大家对各个问题的解决方案进行头脑风暴。裘德鼓励每个人都参与讨论，即使他们的工作和正在讨论的问题没有直接关系。

然而，讨论的结果并不令人满意。不管目前座位如何安排，大家都只是从自己的角度看问题，如客房清洁工始终关注的是她们的那片小天地，前台人员也是从前台的角度去谈等。

其间，一位前台经理甚至建议酒店换掉一部分客房清洁工，重新招聘更有干劲的人来接替她们的工作；一位礼宾经理建议重组客房部和维修部的员工，并直接向前台经理汇报工作。这些建议招致了一片不满的嘘声，有位维修工站起来指责礼宾员刻薄地把客房清洁工称为女佣，甚至"那帮刷马桶的"。现场每个人都只关心自己的工作，都在对其他部门的人指手画脚，并认为是他们造成了酒店的问题。

此时，一次为了解决"部门壁垒"问题的专题会议已经演变成了部门间扯皮的最佳范例。裘德知道再这样下去会让彼此的成见更加根深蒂固，所以他决定进行一次大胆的尝试。

他瞅准发言的空当果断终止了这场扯皮大战，没有过多地评价刚才大家的发言，而是说道："现在，我希望大家回到没换位置前的桌子上，和同部门的人坐在一起。"这次不用裘德催促，座位很快就换好了。

等大家再次坐定，裘德指着礼宾员的一组说："在接下来的环节中，我需要你们来扮演客房清洁工的角色。"还未等礼宾员有什么表示，后排跳出一位年纪较大的客房清洁工喊道："傻眼了吧，女佣们！"大家被逗得哄堂大笑。

接下来裘德为一组客房清洁工指定了前台人员的角色。裘德为每组人分配了一个与他们的常规工作完全不同的工作。裘德解释道："等会我叫到某一组的时候，我希望大家都能扮演好自己的角色，坦诚相待。"

会议室里充满了紧张的笑声。裘德问扮演前台人员的服务员："前台有什么问题？"

短暂的沉默之后，有人开口了："那些客房清洁工干活太慢了，也太懒了。她们不关心客人的感受，只想熬过一天早点回家。她们一点都不理解我们在前台面对客人时的压力。"

真正的前台人员和其他组的一些人听完笑了起来，有几个甚至鼓起了掌。这番话的确是前台人员经常挂在嘴边的。

裘德转过头，问一组礼宾员："你们这些客房清洁工呢，是怎么看的？"

一个留着山羊胡的高个青年站了起来，细声细气地模仿客房女清洁工辩解道："刚才这位说的不是没有道理。不过我们干吗要那么卖命呢？我们又得不到更多的小费，即使我们拼了命把房间打扫得再好，也从来没人说我们的好。难怪上个月我们最棒的两个清洁工都辞职不干了。再说，我们忙不过来的时候你们有谁搭把手吗？楼下大厅穿礼宾制服的家伙们哪怕每次就上来一个人，有帮我们吸吸地毯什么的吗？"

房间里哄堂大笑，大家热烈地鼓起掌来。

裘德继续问扮演维修工的那组人："你们认为真正的问题是什么呢？"

过了好长一段时间，一位年纪较长的人紧张地开口说道："我们在大厅里可以综观整个酒店的运营过程，我们一致认为问题可能就出在沟通上。"

裘德问道："具体怎么说呢？"

只见他指着客房清洁工扮演的前台人员说："你看，那些前台人员除非有什么紧急情况，从不和楼上的清洁工们讲话。等事情紧急的时候往往就晚了。一旦着急的事过去，前台人员也不会走到楼上去说一句谢谢，让人感觉她们好像高人一等似的。"

他稍微停顿了一下,情绪更加激动地说道:"当前台人员叫维修工去修理马桶什么的时候,她们的态度让维修工感觉自己就像二等公民。我是说,修马桶已经是很脏很累的活儿了,还要受到前台人员莫名的鄙夷。没有这些维修工,咱们这么漂亮的酒店这儿不好用那儿也不好用,所有人都会脸上无光吧!"

这回没人笑了。刚刚发完言的维修工满脸通红。

裘德谢过他,继续在会议室里四处走动。直到所有小组都发言完毕,裘德问大家:"好,回到现实,做回自己,你们现在是怎么看待这些问题的?"

一片静悄悄,直到有个客房清洁工举起手,是一位名叫艾斯特拉的西班牙裔妇女。裘德向她点点头,对方开口道:"实际上,我觉得我们都很努力。"

非常好,正是裘德期待的那种总结。裘德看了看表,比计划超时了10分钟。裘德极力地感谢了大家的耐心配合和积极参与,并向他们保证,他将在第二天与酒店领导团队汇报他的观察结果。

直到会议室的人都走了,裘德变得轻松了。不过,裘德并没有完全得到他想要的信息，于是他请4位分管客房、维修、前台和礼宾的经理留下来多聊一聊。

等员工们都走了，经理们走上来围在裘德面前。裘德开门见山地问道："关于酒店的'部门壁垒'，你们觉得问题究竟在哪儿？"过了几秒钟，前台经理先开口了："大体上，我觉得大家就是不喜欢彼此。我的意思是，客服部和前厅部这两边的人，有不同的背景和兴趣，互相不喜欢是很自然的事。我工作过的每个酒店都是这个情况。"

客房经理点头表示同意，不过裘德觉得她在心里并不完全认同。

礼宾经理则摇摇头说道："不一定，在我工作过的几家酒店里，部门关系就没有咱们这儿这么紧张。问题或许不在于两边合不来或有背景差异。别忘了，我手下有一半的礼宾员和维修部的人每个周末都一块儿组队去踢球。"

"那么你觉得问题出在哪儿呢？"裘德追问道。

礼宾经理耸耸肩膀："我真的不知道。"

裘德看看白板上的5类问题，说道："这样吧，让我们随便挑类问题讨论一下。例如，客人扎堆入住的问题，是什么原因呢?"

前台经理毫不犹豫地答道:"以前在团体客人入住前,我们通常都要开一个全员大会,这给了每位员工提问的机会,并可以了解丹特和其他领导者的意见。但在6个月前,我们停止了这种做法。"

裘德好奇地问道:"为什么要停了呢?"

前台经理摇了摇头:"我不知道。"

"我知道,"礼宾经理插话道,"有人抱怨过这种形式,所以丹特决定让各部门自己内部沟通。"

"是谁在抱怨呢?"裘德问道。

礼宾经理犹豫地说道:"你这是在为难我。"在看了看身边的几位同事之后,他补充说道:"反正不是我们干的。"

裘德很想问到底是谁干的,但他猜到可能是丹特身边的人时就没再继续追问了。他再次看了看清单上的内容说道:"那关于前台人员对待客服部员工的态度不好的这个问题,是什么原因造成的,有多严重?"

维修经理回答道:"前厅部员工大多认为我们的维修和

客房工作不如他们的重要。其实这一点并非麦迪逊酒店独有的，其他酒店也大多如此。"

"那起不好的外号的事呢？"

维修经理笑着说道："这也是个普遍现象。"

前台经理点头同意："是这样的，不过在麦迪逊倒是有一点和其他地方不同。"

"哪一点？"

"哎，看来我要自我举证了。"

听到这，大家都笑了起来，裘德笑着催促着说道："快说说吧，说一点就可以。"

前台经理谨慎地说道："这么说吧，那些外号可不单是普通员工之间相互用的。"

这时，裘德有点明白了，所以他没再追问，而是换了个话题问道："为什么这两年酒店的客户满意度在下降？"

"这不是显而易见的吗？"礼宾经理说道，"如果前厅部和客服部的员工之间不互相沟通，难道客人会看不出来吗？例如，前台人员不说清楚哪些房间需要先用，自然会出现客人到了房间还没准备好的问题；客人发现电视坏了向前台投诉，如果维修工3分钟内没赶到，客人再给前台打电话时，前台人员就会把责任推给维修工，最终这让大家都感到很难堪。然而，这些是瞒不过客人的。这样的话，满意度能高吗？"

此时，大家没有一个人反驳。

维修经理插话道："一边是CFO告诉我们要减少维修人员的数量，以降低成本；另一边是总经理助理要求我们缩短解决客人问题的所需时间。此外，丹特先生则要求我们在客人那里要花上足够的时间，以确保问题得到彻底解决并让他们感到满意。就这样，我们每天还得受着前台人员对我们的指责。因为他们的指责，我马上就要失去今年以来的第三个员工了。"

前台经理问道："谁要离开？"

"雷蒙德。"

"为什么是他，他可是你那里最好的人了。"

"最好的人总是先离开。"礼宾经理感慨道。

谈到现在,裘德觉得他终于掌握了足够的信息了。他在感谢大家留下来帮助他之后,就离开酒店回家了。

晚上,裘德整理了一遍白天的笔记,并总结了他的建议。虽然裘德对自己列出的建议很满意,但内心还在想如何展示这些建议,才能让丹特和他的领导团队可以接受他的建议?

严重受挫

第二天,当裘德到酒店开会时,麦迪逊酒店的领导团队都非常热情地和他打招呼。

丹特笑着说道:"听说昨天很顺利。"

总经理助理附和道:"我问过的每个人对昨天的会议都很满意,就连平时愤世嫉俗的礼宾员都说还不错。"

听了他们两人的反馈,裘德对自己接下来要做的事情更有信心了。在客套一番之后,裘德走到会议室前面的白板处开始了他的展示:"今天不会占用大家太多时间。我先快速总结一下我昨天了解到的情况,再介绍下我将如何改善客服部和前厅部之间的协作。"

领导们似乎都做好了要大干一场的准备,都在期待着裘德接下来所要说的内容。此时,裘德更投入了,他继续说道:"我想说的第一件事是,各部门之间肯定存在问题,如果你们对此不采取针对性措施,那这种情形将会持续影响整个酒店的表现且会让员工之间彼此伤害。"

此时,现场的气氛立刻产生了微妙的变化。大多数领导脸上的好奇和开放似乎变成了温和的防御。

只有丹特似乎对裘德的结论感到兴奋:"你认为这是由什么原因造成的?"

裘德清了清嗓子,解释道:"首先,对什么是重要信息这点来说,基层员工从管理层方面接收到的答案似乎不一致,这导致他们根本搞不清楚工作的重点是什么。"

"你指的是什么信息?"前厅部副总裁不是很认可地问道。

裘德想了想,决定先从不太敏感的问题入手:"例如,关于客人入住和退房的延迟问题。在这个问题上,因为前台人员不知道如何排列工作的优先顺序并抓住重点工作,导致客房清洁工进退两难,怎么做都不对。"

裘德话音刚落,前厅部副总裁立刻反驳道:"这么说可不太公平,我手下的人知道工作的优先级是怎样的。你的话像是从客房清洁工那里听来的借口一样。"可能是意识到自己的反应过于强烈了,她言不由衷地补充道:"不过我觉得能把事情说清楚也没什么不好。"

客服部副总裁听了前厅部副总裁的话有点畏缩地说道："对于你们提到的这个问题我不是很清楚。但我认为这比你意识到的要复杂得多。我们当然希望你们前台的人不要再告诉每位客人他们可以想住多久就住多久了。我是说，我们得决定我们更愿意放弃什么。如果新的客人来了，而原有客人没走，那我们没法打扫客房，对此，我们是没法创造奇迹的。"

前厅部副总裁这时已准备好和客服部副总裁展开一场争论了，她转头问裘德："还有其他的问题吗？"

裘德看看笔记，说道："事实上，我总结了几十个问题。你想让我从哪里开始？"

丹特插进来说道："我比较关心的是，你认为这些问题是如何伤害酒店的？"

裘德深呼吸后说道："首先，酒店失去了一些关键员工，这不仅让员工承受了太多的压力，更是给留下来的人传递了不好的消息。"

见没人评论，裘德继续说道："如果员工彼此之间不团结或者不协作，那么他们就会想离职。"

此时，还是没人说话。虽然裘德不知道领导们到底在想什么，但他可以肯定的是，他们要么不同意他所说的，要么对酒店当下的情况感到失望。

裘德接着说道："当然，被影响的还有客人。正如昨天几位经理提到的，部门间扯皮会不可避免地影响客人的体验。我觉得如果部门协作的问题不解决，我们的客户满意度问题就没法解决。"

CFO用略带挑战的语气问裘德："那你有什么好的建议？"

裘德犹豫了一下，看了看自己的笔记说道："我们可能首先要考虑的是制订一个轮岗计划。"

此时，几位领导者都皱起了眉头，裘德误以为他们没听明白自己的话，就解释道："如果让员工有机会了解彼此之间的工作内容，那么他们就会……"

丹特打断了他："我们明白你的意思，去年就试过这一招了。"

裘德惊讶地问道："效果如何？"

前厅部副总裁略带讽刺地说道："基于你昨天了解到的

情况，你认为它的效果如何？"

为了避免尴尬，丹特插话解释道："实际上，我认为虽然轮岗起到了一些积极作用，但显然没能改变员工的行为。除此之外，你还有什么好的建议？"

"我觉得是不是可以调整下新员工的培训计划。例如，让他们从一个宏观的角度理解酒店的运营，并知道他们对整个酒店的贡献。"

没有人对这个建议感兴趣，只有人力资源部副总裁把它记录了下来。

裘德继续说道："还有，我建议重新启用全员大会的形式，尤其是在团体客人入住前。我有点奇怪你们竟然不再这么做了。"

此时，整个房间内一片哗然。

客服部副总裁解释道："我们只是认为它不再有用了。"

"为什么这么认为？"裘德问道。

"我们只是觉得很多事情可以在各部门内部完成，而不需要浪费所有人的时间去开一个大型会议。"听起来客服部副总裁对自己的这套说辞并没什么自信。

"还有什么好的建议吗？"CFO冷冷地问道，仿佛在提醒大家，到现在为止裘德连一个实用的建议也没拿出来。

"领导们有没有考虑过设立一些奖金池，以奖励那些表现得好的处在支持性岗位的员工呢？"

领导们的取笑和白眼，让裘德觉得自己的建议就像要求大学取消教授终身制一样荒唐。

裘德觉得有点尴尬，但还是决定继续说服领导们："在我看来，酒店里有很多员工对客户的满意度有很大的影响，但他们并没有因为日常的优秀行为而获得太多奖励。而当他们看到其他人因做同样多或更少的工作而获得奖励时，他们是会感到气馁的。"

丹特摇摇头："抱歉，我的朋友。你可能不太清楚，自从钱被发明以来，酒店行业就存在这个问题了。再说，我们现在还没准备好解决这个问题。"

CFO看着丹特，半开玩笑地说道："我们到底要给他多少咨询费啊？"

客服部副总裁也来凑热闹："我们还要付钱给他吗？我

还以为这是免费的呢！"

此时，在场的每个人都笑了。

虽说裘德知道他们是在调侃自己，但他们的话已经伤害到他了，他的骄傲使他做了一个让自己后悔的决定。他大声说道："实际上还有一个问题刚才没有谈到，但我认为这可能是你们的核心问题。"裘德看看几位领导者，接着说道："而且，这个问题和你们有关。"

这话引起了在场所有人的注意，大家不再嘲讽裘德了。

"在部门协作的问题上，你们应该以身作则，为员工树立更好的榜样。"裘德说道。

这对丹特来说太理论化了，所以他追问道："树立榜样？怎么做？"

"例如，可以先从大家不再称呼客服部的员工为'刷马桶的'开始做起。"

其中，两位领导者极力地忍住笑，其他人则显得很尴尬。

前厅部副总裁有点难以置信地笑着问裘德："不是吧，你昨天召集了我们那么多的员工，用100多个工时，最后就得出一个让我们不再互相起外号的结论？希望我们没付你太多的咨询费！"听完这话后，大家都沉默不语了。

裴德正准备回答说这只是他总结的4个建议之一时（他可是准备了7页纸来做阐释）……还没等他开口，丹特就插话道："好了，大家听我说。我认为裴德提的这一点是很重要的。我们在员工面前说话时确实需要多加注意。即使大家平时关系不错，也知道是在开玩笑，但把外号挂在嘴边，的确影响不好。"

大家都不作声了。

丹特决定提前结束会议，他说道："非常感谢裴德的建议和努力，我们需要好好考虑他的建议。裴德站在旁观者的角度来看我们的问题，即使提出来的有些建议仅仅证实了我们的观点，但对我们来说也是很有帮助的。"

听到这，其实裴德更希望丹特说："虽然裴德提出的这些建议对我们来说不是很有用，我们也不会按此实施，但我们还是要谢谢他为我们所做的事情。"因为，裴德心里很清楚，这是丹特帮他避免尴尬。

在领导们逐一走出门外时，裴德有一种奇怪的失败感，这是他作为专业的咨询顾问以来从未体验过的。

绝望

当其他人都离开后,丹特关上了门,转身看着裘德,勉强笑了笑说道:"刚才的会还是蛮有意思的!"

他们痛苦地笑了笑。

裘德心里百感交集。首先,酒店领导团队的不成熟让他感到沮丧;其次,他觉得丹特背叛了他,因为丹特没有给他说服领导团队的机会。虽然裘德很理解丹特结束讨论的动机,但这让他感到尴尬。

"丹特,很抱歉,我……"

丹特挥挥手,打断了裘德:"用不着道歉,你做得很好。"他深吸了一口气说道:"我的意思是,或许你应该早点把领导之间互相起外号的事说出来,才不至于让大家感觉你的建议毫无新意。但无论怎样我们需要知道这些事情。我的一些员工太过分了,我会找他们谈谈的。"

虽然裘德感觉好多了，但他还是忍不住地问道："我现在不可能获得你的领导团队的信任了，对吗？如果你想终止咨询协议，我会理解的。"

丹特摇摇头："听着，裘德，我不想夸大刚才发生的事情，但也不会对你撒谎。坦白来说，我的员工是我需要每天共事的对象，而你只是一个咨询顾问，所以如果事态严重……"他没有说完，而是突然问道："距离我们约定的咨询结束时间还有几周，对吗？"

裘德点点头。

"那就等过几天咱们再来谈谈这个事。"丹特拍了拍裘德的肩膀，然后陪他走到酒店门口，最后说道："你给了我一些今天要考虑的事情。"

裘德谢过丹特，转身离开。他不敢想自己公司的未来，以及家庭的经济状况。

此时，裘德已经很绝望了。不过，绝望有时会成为很好的动力。

双胞胎顺利出生

针对咨询所遇到的困境,裘德只有一周的解决时间,因为一周后,他要去儿童医院举办相关研讨会。他沉浸在搞清楚"部门壁垒"这件事中,并阅读所有能找到的与办公室政治和部门争端相关的图书。然而,裘德没能在任何一本书中找到答案,但他坚信能够找到答案。

在经历了麦迪逊酒店的那次惨败之后,裘德就处于失眠的状态。

那天的凌晨4:32,是裘德一生难忘的时刻。特蕾莎一直都在辗转反侧,但裘德以为这是预产期快到时的正常反应,所以没怎么当回事。然而,在离裘德定的闹钟时间还有一个多小时时,特蕾莎坐了起来,并痛苦地抽搐着。

裘德赶紧问她:"你还好吗?"

特蕾莎点点头。

然而裘德低头一看，床单上有血迹。

裘德立刻拨打了急救电话。7分钟后，救护车到了，12分钟后他们顺利地前往约翰·缪尔医疗中心。裘德一路上都默默祈祷妻子和宝宝能顺利挺过这一关。

没过多久，他们来到了急诊室门前，两名护士和一位住院处的行政员工已经等在门口迎接他们了。

裘德向他们介绍了之前的情况，而那位负责登记的行政员工询问了特蕾莎的身体状况和姓名、住址、保险之类的个人信息。

特蕾莎已经躺在急诊室的病床上了，身边的医生和护士紧张有序地忙碌着，测完体温和脉搏，紧接着是其他十几项母婴身体状况的检查。与此同时，一位护士在向裘德解释同事们所做的各项工作，只不过裘德基本没听进去，而是看着妻子的脸，祈祷着一切顺利。这时，医生转过身来，对裘德说道："放心吧，她现在很好，孩子们也非常好。我们已经叫了产科的卢克医生过来负责特蕾莎的生产。他在这方面比我更有经验。"

不等这位医生指示，旁边一位护士已经开始呼叫卢克医生："你好，我是急诊室的简。我们需要卢克医生尽快赶过来，这里有一位怀孕7个多月的孕妇出现轻微出血。谢谢！"

5分钟后，卢克医生来了。他和急诊室的医生交谈了几句，然后就朝特蕾莎走了过来。

"你好，特蕾莎。"卢克医生微笑着握住特蕾莎的手，低头查看刚接好的胎心监测仪和超声探测仪。不到15秒钟，他朝特蕾莎笑着点点头，表示一切正常，然后环视四周，目光落在了裘德身上。

"你是她丈夫吗？"

裘德点点头，不知道要说什么。对方很快解释道："我是卢克医生。目前一切正常，不过为以防万一，我们马上为你的妻子安排手术。"

"以防万一？万一会发生什么事？"裘德猛然紧张起来。

卢克医生笑了笑说道："别这么紧张。"转身对护士们吩咐道："立刻送病人进手术室吧。"话音刚落，一位护士立刻拿起了电话，另一位则打开了电脑。卢克医生接着说道:"请通知施密茨医生10分钟后在手术室会合。"

在场的人们立刻各忙各的。一位护士走到门口对室外大声喊道:"珍妮特,快来一下!我们需要备好一支硫酸镁,等会看情况做静脉注射。"裘德朝她叫喊的方向望去,看到有个护士匆匆走了过来,心想这位一定就是珍妮特了。这位珍妮特对同事的大呼小叫丝毫不以为然,一边给手术室打电话,另一边准备一些文档。

"硫酸镁是干什么用的?"裘德随口问道。

珍妮特挂了电话,平静地解释说硫酸镁可以帮助产妇推迟生产。

几分钟后,两位护士走了进来,把特蕾莎抬到移动轮床上,开始推着她向外走。到了门口,一位身着保安制服的男子接替了其中一位护士,只见这位护士帮特蕾莎擦了擦沾到眼睛上的头发,说道:"一切都会好的"。

裘德还没反应过来,又有两位护士走了过来,一位紧盯着特蕾莎身旁的仪器,另一位在填表,还不时地提醒走廊中的人们注意避让。此时已经是5:15了。

裘德快步跟着轮床前行。轮床从电梯上到四楼,来到了手术室。

刚到手术室门口，一位身着粉色上衣的护士马上微笑着迎过来："你好，特蕾莎。先生，请你来这边。"裘德被领到隔壁的更衣室，按要求换上手术服，才被允许进到手术室的内间。

一分钟后，卢克医生走进来，问护士："施密茨医生到了吗？"

说着又有一位医生进到手术室里，头发略显蓬乱，身上穿着一件颜色与众不同的工作服。他们相互打完招呼后，卢克医生转向特蕾莎："这会儿感觉如何？"

特蕾莎微笑着说道："我还好。"

"你马上就要有两个女儿了。"

"但是我的孕期才7个半月……"

卢克医生打断了特蕾莎的话，笑着说道："别怕，双胞胎大多都是这个时候生产！"

早上5:45，卢克医生和施密茨医生完成了剖宫产手术。护士为两个重1.36千克的小姑娘洗了个澡，并立刻把她们送到了新生儿重症监护室。

卢克医生告诉裘德和特蕾莎，手术非常顺利，他们很快就可以看到孩子们了。护士把特蕾莎推到康复病房，裘德累瘫在手术室外的椅子上，他看看表，早上5:57。他很惊讶，从他们凌晨醒来到现在，这一切都在不到90分钟的时间里发生了。他们的生活从此将被改变。

暂时喘息

在接下来的3天中，特蕾莎留在医院静养，在离她约15米的重症监护室里，躺着全天候接受监控的海丽和艾米丽两个小家伙。

据医生说，早产的孩子们至少需要在医院住满3周，建议父母可以每天抽几小时来探望她们，并且做一些亲子抚触。由于是早产，她们短时间内还不能被抱着或被喂食。

当特蕾莎出院的时候，关于如何办理出院手续，医院的人都不知道怎么处理。这种混乱让刚生产完没多久的特蕾莎感到额外烦躁。经过一个多小时的等待和不断的电话催促，裘德终于可以办完出院手续带特蕾莎回家了。

当他和特蕾莎回到家稍微休息了一下后，裘德当即决定要抓紧孩子们由医院照顾的这段时间，全力投入工作。这样既可以让他不去想孩子们，又可以尽快让他的事业走上正轨，以在她们回来时能让他有更多的时间陪伴她们。另外，因为特蕾莎的母亲已经过来照顾她了，所以在孩子们出院回家前，家里没有什么需要裘德操心的事情了。

因为生孩子的事，裘德推迟了儿童医院的会议。他重新联系琳赛，结果碰上琳赛有其他的安排，要求裘德再向后顺延几天。这样一来，裘德有5天的时间能想办法让这次研讨会效果比上次更好了。

恍然大悟

裘德和特蕾莎商定每天去医院陪孩子3次。早上两人一起去；中午特蕾莎留在家里休息，裘德一个人去；下午特蕾莎去，帮着护士喂奶。

这天中午，裘德去看望孩子。到了医院，他没有直接去孩子们的监护室，而是准备到急诊室看看，顺便感谢一下帮助过他们一家的医生和护士们。当他走到手术等候区时，几天前孩子们出生时的紧张感又涌上心头。裘德不由得回忆起那个手足无措的凌晨所发生的一切。

例如，急救人员的冷静，接诊室护士出现的速度，医生的果断及护士、护工的快速响应都给裘德留下了很深的印象。他们遵循流程，做出决定，出现错误时立即纠正。这是混乱、协调和沟通的奇妙结合，重要的是这没有影响工作。

裘德突然意识到了什么。参与的这些人，很多是来自不同部门的，这让他恍然大悟。

有了答案

那天晚上裘德就钻进了办公室做研究,因为他必须把自己的新发现理论化,否则他是无法入睡的。

第二天上午看完孩子们后,裘德给琳赛打了个电话。裘德没有把心中所想和盘托出,他觉得有必要多了解一些儿童医院的情况,以此巧妙地对他的理论做一个测试。

"好的,除护士和住院处之间有矛盾外,医院其他的群体之间存在哪些'部门壁垒'呢?"

"这可多了!"琳赛不假思索地说:"如医生和护士、住院处和医生、行政岗和钟点工。这里的每个人都有自己的圈子,都把自己当成某个部门或小团体的员工,而不是整个医院的员工。"

裘德试探性地问道:"有没有什么情况是从来不会出现这些问题的?"琳赛没有马上回答,裘德则继续引导:"有没有在什么地方，人们似乎不关心自己属于哪个科室，而是如同一个真正的团队那样一起工作？"

说完这番话，裘德沉住气，让琳赛有充分思考的时间。

"没有。"琳赛过了好一会儿回答道。

这个答案让裘德深感失望。直到琳赛继续说道："除了急诊室，我认为医院里没有一个地方……"

裘德急忙打断琳赛说道："你刚才说什么？"

琳赛说道："我说医院里没有一个地方是没有'部门壁垒'问题的……"

裘德继续打断她说道："你刚才不是说急诊室没有这个问题吗？"

琳赛回答道："是的。不过急诊室是一个比较特殊的地方。"

裘德突然兴奋地追问："这话什么意思？"

琳赛说道："这是医院里'部门壁垒'问题相对较少的地方，但我想任何医院的情况都差不多吧。"

裘德继续问道："你知道这是为什么吗？"

琳赛回答道："我不知道，可能是因为没时间争吵吧。"

突然，琳赛大声说道："我想起来了，其实关于急诊室里有过一些关于预算和资源共享的小争论。"

裘德打破砂锅问到底："你是说医生和护士们在急诊室里争论应该由哪个科室来支付材料和设备费用？"

"不，不是在急诊室里吵。我刚才说的是发生在预算会议和行政会议中的事。"

"那你为什么认为急诊室里没有'部门壁垒'问题呢？"裘德希望得到一个明确的答案。

琳赛思考了一会说道："因为当有人躺在那里血流不止时，任何有心和脑的人都不会想到对部门的事情发牢骚的。紧急情况往往会对人造成这样的影响。"

这正是裘德想听到的答案。

特雷莎的建议

在新生儿重症监护室里，裘德和特雷莎坐在熟睡的小女儿旁边，裘德提起了特雷莎生产时急诊室发生的事情，以及与琳赛的谈话。

特雷莎的注意力都在女儿身上，漫不经心地听着裘德讲话。不过她还是给丈夫提了一个建议："JMJ的那位叫什么来着，布莱恩？我觉得你或许可以给他打个电话聊聊。"

"为什么要给他打电话？"裘德愣了一下。

"你不是说过，他那儿不需要你去解决'部门壁垒'的问题吗？"

"没错。所以我在JMJ的咨询业务已经告一段落了。"

"你怎么没问问他为什么不需要你？"

裘德有点不耐烦了："当然问了，他说他们已经刚刚招了一个市场部的人,不需要任何销售方面的帮助……"

特蕾莎打断丈夫:"不是的,我想说的是他有没有告诉你他们酒店为什么没有'部门壁垒'的问题。也许你可以从他那学到一些东西。"

裘德回答道:"我从没想到这点,你应该早点告诉我。"

两人低声笑了起来,目光又转到可爱的海丽和艾米丽身上。

找人取经

裘德打电话时,布莱恩刚好在办公室。

"你好,裘德,最近还好吗?"

"一切都好,只是发生了一件大事。特蕾莎4天前刚刚生了一对双胞胎。"

"我还以为她的预产期还有几个月呢,大人孩子都还好吗?"布莱恩非常担心地问道。

"都挺好的,只是两个孩子还要在医院待3周,等抵抗力好一点再接回家。总之,一切挺顺利的。"

"嗯,谢天谢地。也感谢你告诉我这个好消息。"

裘德有点不好意思地说道:"其实我给你打电话是想谈工作……"

布莱恩笑着说道:"我真不敢相信你现在还有时间工

作，你妻子该怎么想？"

"她很好，我岳母在照顾她，我们只能每天轮流去医院看孩子，别的啥也干不了。我想明天过去找你几分钟，说一点事。"

"我看看时间安排，"布莱恩顿了顿，"我明天上午9点之前，或者中午到下午3点有空。"

"那我中午找你如何？"

"没问题！对了，你太太现在出院了吗？"

裘德回答道："出院了，现在在家里。"

"那好，你们注意休息，别累垮了身体。明儿见！"

对于明天的见面，裘德已经迫不及待了。

再见布莱恩

第二天中午,裘德见到布莱恩的第一件事就是感谢他昨天寄送给特蕾莎一大束表示慰问的鲜花——怪不得布莱恩问特蕾莎是否出院来着。之后裘德直奔主题:"是这样,我非常想知道为什么你这里不存在'部门壁垒'的问题?"

布莱恩笑着说道:"听起来你不信我说的是真的?"

裘德赶紧解释道:"你知道我不是那个意思。不过有没有可能其实这种现象也有一些,只不过是你不知道呢?"他指着下面工厂车间的窗户说道:"也许会有很多呢?"

"应该不会。"布莱恩稍做停顿后说,"与其让我告诉你答案,不如你自己下去看看呢。我也想知道我是不是错了。如果真的存在这些问题,我也好提前做好解决问题的准备。"

裘德不解地问道:"你是什么意思呢?"

"我是说,你可以和JMJ的员工们聊聊,反正他们都知道你是谁。你可以用一种轻松的方式和他们聊天,这样他们就会给你真实答案。"

"你确定吗?"裘德不敢相信地问道。

"确定。虽然我觉得你什么问题都找不到,但是我想让你去试试。要是你能发现问题,我可以按小时付你工资。"

裘德摇摇头笑着说道:"你不必付我钱,但我会按你说的去做。"

"那好,两小时后,告诉我你了解到了什么。"

裘德看了看手表:"那咱们下午两点半见!"说着快速走出了办公室。

探寻真相

裘德在JMJ总部大厅和车间里走来走去地问问题,这让裘德觉得自己有点像便衣警察。为了避免对采访对象产生误导,裘德总是先问两个开放性的问题:"工作中有什么积极的方面?"和"有什么消极的方面?"

除有几个资历较低的人似乎不太愿意说太多外,大部分员工都很乐意聊这聊那,其中免不了谈一些负面的看法。有的人抱怨预算太紧张,有的人认为工厂需要扩张,还有的人希望能削减产品的品类。总体来说,裘德证实了他一直以来的判断——布莱恩的管理非常严格。

当大家回答完两个问题后,裘德再慢慢进入正题。他问车间工人的方式是:"平时和财务部的人打交道顺利吗?"销售部那边,他一般会这么说:"你觉得市场部在帮助你们销售产品方面起到了足够的作用吗?"然而,他没发现任何存在"部门壁垒"的蛛丝马迹。

之后，裴德问了一些更直接的、会体现部门压力的问题。例如，"你最害怕和哪个部门的人一起工作？""如果你必须从其他部门获取资源，你会选择哪个部门？"这样一来，好多人让裴德给问糊涂了，因为他们似乎从来没朝这方面想过。

90多分钟后，裴德决定停下来。他怀着失望而又钦佩的心情，回到了布莱恩的办公室："你赢了，我放弃了。"

布莱恩打趣地说道："你还有半小时，可以再努力下，或许你刚才遗漏了什么地方。"

"不用了，我现在就想知道答案是什么。"

"什么答案？"

"你是怎么办到的？有什么秘诀？"

布莱恩说了句裴德最不想听到的话："我不知道。"

裴德着急地问道："快点告诉我。"

布莱恩笑道："我真不知道，我们公司一直就这样。"布莱恩看了看天花板，显然是在思考。最后他看着裴德说道："我有个主意。"

还没等裘德问，布莱恩自顾自地说了起来："你干吗不试着弄清楚呢？我是说，我可以让你待在我这一段时间，通过你的观察让我可以知道我们跟其他公司相比在管理上有何特别之处。这样我们就可以确保我们在做正确的事情了。"

一般情况下，裘德不会对无偿的项目这么有热情，但他觉得这可能正是他所需要的。

找到线索

在之后的3天中,裘德开车往返于家、医院和JMJ之间,而这也让他有足够的时间思考。在这3天中,他参加了两次JMJ的高管会议,其中一次是关于业务的,另一次则是关于战略的。他还花了3小时在车间里观察工人的工作,特别留意那些涉及多部门合作的场景。他甚至连停车场都没放过,看员工们几点上班、跟谁一起吃午餐、哪些人下班晚、车子习惯停在哪里,等等。

有一天,当裘德在JMJ的休息室里喝咖啡时,他发现了一本小册子。小册子里介绍了JMJ的发展简史,里面记载了这家公司成立12年以来的事情。

在翻看小册子时,裘德发现了一个描述公司年度收入和利润的图。从中可以看出,在JMJ成立后的前8年,他们的收入和利润都是持续上涨的,但是有一年,他们的收入减少了一半,而利润则减少了一半多。而在这一年之后,这两个指标都在大幅上升,此后3年的增长趋势更是令人惊叹。

这让裘德百思不得其解,于是决定直接去找布莱恩。

遗憾的是,布莱恩已经走了,他只能等第二天再找他问了。

忽略的历史教训

第2天,裘德在看了孩子们之后,直接去了布莱恩的办公室。

"你弄明白了吗?"布莱恩看起来是真心希望他有所收获。

"还没有,"裘德答道,"不过有几个问题想请教一下。"

布莱恩笑了:"这些问题就是通向新大陆的钥匙吗?说吧,想了解点什么?"

"4年前,公司曾经发生了什么事?"

"你说的是我们的那次危机吧?"

裘德疑惑地看着布莱恩。

"你不知道吗?"布莱恩很惊讶,"这么大的事,我还以为曾经向你提起过呢。"

裘德摇摇头。

布莱恩感叹道:"在我看来,这事就像昨天刚发生过一样,似乎每个人都知道。"接着就向裘德从头到尾地回顾了这次被JMJ内部称作"消防演习"的大危机。

"事情是这样的。洛杉矶的一家健身俱乐部从我们这里购买了15台跑步机,其中一位顾客,一位小名人,在使用其中一台跑步机时发生了严重的事故。这件事上了报纸,而健身俱乐部则将问题归咎于我们产品质量的责任。这时我们的竞争对手抓住这个机会搞了不少小动作,而我们的律师则给了我一个可怕的建议,让我们避免发表任何可能在法庭上伤害我们的公开声明。不到一周,客户就开始大量取消订单或要求退货赔偿。那段时间的销售完全停滞,我们面临大规模裁员,眼看公司不出6个月就得倒闭。"

接着,布莱恩说了句让裘德颇受启发的话:"有时候,我真的认为那次危机对公司来说是一件前所未有的大好事。"

听到这里,裘德大概已经猜到接下来发生了什么,不过他还是希望能听布莱恩自己说出来,印证自己的猜测。

"我把领导团队召集到会议室,告诉他们我们只有6个月的时间恢复公司的声誉。这意味着我们必须能够重新证明产品是安全的,重新赢得消费者的信赖,重新建立与关键客户的关系,重新唤起员工们的士气,以及重新审视诉讼的必要性。"

"然后呢?"裘德问道。

"我们派了两名技术人员去洛杉矶的那家健身俱乐部做调查,结果发现是他们把机器装错了。这完全在我们的意料之中,因为我们知道自己的产品是足够安全的。然后,我们冒了律师不喜欢的险,在最大的几家行业杂志上刊登了整版的广告,讲述了整个事情经过,再把这份广告放大3倍做成海报,复印了无数份。寄给了所有过去5年间联系过的人和购买过我们产品的顾客。"

裘德被惊讶得瞪大眼睛。

布莱恩笑道:"很疯狂吧?但你能猜到,这是谁的主意吗?"没等裘德回答,他继续说道:"我们的一位质量控制技术员,一位22岁的年轻女孩。当时我们觉得,要提高士气的唯一方法，就是让公司的每个人都参与进来，甚至对发生在我们身上的事情感到愤怒。庆幸的是，他们想出了一些我们的领导团队都没有勇气去做的点子。"

"后来你们打赢官司了吗？"

"没有，我们主动要求庭外和解，让对方赔两万美元。"

裘德一脸不解地问道："才两万美元？过错不在你们，干吗不把官司打到底呢？"

"确实错不在我们。不过，我们不希望把那么多的精力用在打官司上。现在的法律体系，尤其在加州，我们打官司并不见得会得到什么好结果。但那时，我们并不在意这些，因为我们忙着处理广告发布后的几周内就开始增加的订单。最搞笑的是，我们甚至决定免去洛杉矶那家健身俱乐部的赔偿金，因为他们同意再从JMJ购买25台健身器材。"

裘德感到关键情节就要来了："你仔细回想一下，布莱恩，在那次危机之前，JMJ有没有'部门壁垒'的问题呢？"

布莱恩想了想："我曾经不得不解雇了几个部门经理，

因为他们不能像关心自己的小领地那样关心公司发展。如果这就是你说的什么'部门壁垒'的问题,那我想当时确实是有过的。"

"危机解决之后呢,还有没有类似的情况出现过?"

布莱恩接着说道:"没有了。除非在某些事情过于顺利的时候,他们会稍稍站在部门的立场上考虑问题。不过整体上来说,自从洛杉矶危机后我们基本可以称得上非常团结了。"

裘德在谢过布莱恩之后,起身朝门口走去。

布莱恩大声说道:"你是不是认为那次危机消灭了我们的'部门壁垒'问题?"

裘德一边开门,一边故作神秘地扭头对布莱恩说道:"这个嘛,我回头再告诉你。"

孤注一掷

裴德确信接下来的两周将是决定他咨询事业生死成败的时候。在这段时间里，他需要从JMJ的见闻中提炼出有价值的东西，然后形成一套可操作的解决方案，将其应用在儿童医院的讨论会上。如果一切顺利，他准备再重回麦迪逊酒店解决问题。接下来要到贝奇科技见卡特了。

计划总是赶不上变化，事情并没有按照他设计的那样发展。

这天晚上，裴德和特蕾莎到医院看望两个孩子。刚把车停好，裴德的手机响了。裴德看看电话号码，已经猜到是贝奇科技的办公室座机打来的。

果然，来电的是卡特·贝尔的秘书。

"你好，裴德，卡特让我打电话通知你，他的行程有变化，下周没办法和你见面了。"

裘德还没来得及失望,对方又接着说道:"不过他明天上午9点有时间在公司跟你聊一聊。"

裘德来不及细想,快速地应下来:"没问题,明天可以。"

"那好,明天上午9点见。"

裘德还没反应过来是怎么回事,就遇到了难题,那就是,明天再见卡特时,自己要做什么?而现在自己该做什么呢?

裘德陪伴特蕾莎坐在孩子们的监护室里,把刚才的事向特蕾莎讲了一遍。

跟往常一样,特蕾莎力挺裘德:"你当然得答应去,不管最后结果怎样。要不然,谁知道这一耽误又要等到什么时候?"

裘德表示同意,于是决定撇开工作上的事,把目光转移到熟睡的女儿们身上。这些天来,每次的探望都会让裘德有种喜忧参半的感觉。一方面,宝贝们让裘德学会更全面地看待生活,提醒他生意上的事很重要但还没有那么重要;另一方面,她们的存在让裘德不时地想到未来的经济负担有多重。这两方面的作用相互抵消,让裘德感到肩上的压力既没有增加也没有减少。

午夜时分,裘德还在想第二天去贝奇科技该怎么说,直到凌晨5点依然毫无头绪。裘德心一横,跑去冲了个澡,陪特蕾莎早早来到医院,然后在9点钟赶到卡特的办公室。

此时的裘德一身疲惫,心里也没谱,不过好在他毕竟在这家公司工作过,对贝奇科技的业务模式和组织结构了然于胸,多少令他感到安慰。

再会前领导

自从离开贝奇科技后,这是裘德第一次进入贝奇科技的办公室。对裘德来说,虽然这个办公室并不陌生,但是,当裘德和卡特这位CEO面对面坐在一起时,曾经在电话中感受到的友好似乎一下子消失得无影无踪了。

裘德刚在椅子上坐定,卡特就来了一句:"你想跟我谈什么?"不等裘德回答,他又补充道:"咱们只有15分钟时间,等会儿我还要开个会。"

裘德尽量让自己不因卡特的语气和谈话时间短的原因而显得慌张。他不再恐惧,而是开门见山地说道:"是这样,我认为贝奇科技内部的'部门壁垒'问题非常严重,公司为此付出了巨大的代价。如果不及时消除这些冲突,公司难以扭转现在的局势。你应该可以想象,员工们的眼睛只盯着公司内部,客户的利益会被忽略,竞争对手也会乘虚而入。"

卡特紧着说回答道:"类似的批评我听得太多了,每个人都认为……"

裘德心底冒出一股无名的勇气，打断了这位前老板的话："听着，如果你认为这是我的危言耸听，不妨找基层的员工聊聊……"

卡特反过来打断了他："危言耸听？怎么会？你误会我的意思了，我不是在否定你的话，而是想说这种情况在贝奇科技简直到处都是。"

裘德这才明白过来，觉得有点尴尬，好在卡特并没放在心上，继续说道："公司合并快一年了，可现在我还是经常听到员工说哈奇科技怎么样，贝尔科技怎么样，好像我们还是两家不同的公司。如今公司的股价一落千丈，你可能会想，这下大家应该会忘掉老公司，把心思放到新公司运转上了吧？结果仍是老样子。"

裘德不禁插了一句："这个真是出乎意料。过了这么久，我以为两个派系的事儿早就消失了呢。我还以为会有其他问题。"

"要是那样就好了！事实上一直以来的情况是，两边都有人觉得我袒护了另一方，弄得我里外不是人！"

裘德敏锐地察觉到卡特在向自己诉苦，于是便顺势问道："公司领导者也存在这种情况吗？"

卡特点点头："这正是我在过去3个月对半数领导者进行大换血的原因。"

裘德听后倒吸一口凉气，尽管他已经对贝奇科技的股票反弹不抱什么希望，但仍感到不胜唏嘘——从老东家传出来的消息居然没有一个是好的。

"领导者的大换血产生效果了吗？"

卡特想了想："嗯，我换上来的人还不错，同时精简了领导者的人数。"

"他们合作得如何？"

"我们专门请过一个专家开展团队建设，提升领导的凝聚力。"

"感觉怎么样？"裘德不禁为自己的业务捏了把汗。

"实际上，这个专家很棒，至少我当时是那么想的。因为我觉得我们有了很多进步，其他人也这样认为。可以看到公司出现了不少积极变化，那段时间没人再相互指责，没人再说消极丧气的话，没人再四处打小报告搅乱人心，感觉真是一个紧密团结的队伍。"

"那后来怎么又不行了呢？"

卡特耸耸肩："我也不知道。尽管我们有了不少改进，但'部门壁垒'的问题依旧存在。市场部照样抱怨技术部，销售部照样抱怨市场部……这样的例子不胜枚举。"

"你能确定换血后的领导者不存在什么个人之间的恩怨吗？"

卡特想了一会儿，然后用力地点点头："我确定。他们彼此欣赏，有什么想法都毫不隐瞒，这一点我完全能够感受到。再说，贝奇科技这么大，整个领导团队加起来的人数也不是个小数目，大家都希望公司成功，至于功劳是谁的并不重要。"

"你确定吗？"裘德忍不住追问了一句。

"当然了，你不相信我？"卡特有点激动地说道。

裘德连忙解释道："不，不是这个意思，我只是想确认一下。因为如果事实的确如此，那我就知道如何可以帮到你了。"

这句话让卡特重新打量了一下面前的这位咨询顾问,刚才只顾谈自己的问题,差点忘了裘德的来意。

裘德继续说道:"事实上,今天我之所以过来见你,就是因为我非常有信心来解决这些'部门壁垒'问题。"裘德能够感受到卡特的信任,也非常感谢他的直言不讳和坦率真诚。这次客户拜访的目的基本达到了,疲惫不堪的裘德就在等卡特的一个表态。

就在这时,办公桌上的电话铃响了,卡特对裘德说声抱歉,然后拿起电话讲了两分钟。等卡特重新挂了电话,问裘德:"时间很紧,我马上要去开会,你今天还有什么安排吗?"

裘德实话实说:"中午我得去……"

卡特不等他说完:"那就是说中午之前都有空喽?"

裘德点点头。

"那好,跟我一起来吧。"

里应外合

裘德跟在卡特身后来到会议室,公司的其他领导成员已经全部到齐。裘德微笑着快速扫视了一遍,7个人,有3个他没见过。此时,裘德还在想自己是不是惹了什么麻烦。

在卡特的示意下,裘德走到会议室后面坐了下来,只听卡特说道:"各位,我知道今天要讨论的主要是预算问题,不过我想把讨论内容稍微调整一下。"

接着向其他人介绍裘德:"你们当中应该有认识这位的吧?裘德·卡曾斯,之前曾在咱们公司负责广告方面的业务。裘德准备花半小时来帮我们解决'部门壁垒'问题,这个在过去半年内一直困扰我的问题。"

CFO说道:"这是不是意味着我们今天就确定不了预算的事情了,我的人可是连续干了3个通宵就为了……"

卡特打断了他:"坦白说,丹,我不确定今天是否能确定预算的事情。不过我希望你不要再把财务部的员工称作'你的人'。"然后环视一下,说道:"在座的各位都是这样。我的意思是,他们都是'我们的'员工。一个道理,我们不要一考虑问题就从自己部门的角度出发,不要张口闭口就是哪个部门拿的预算多、分的人手多……"

说到这里,卡特顿了顿,然后重新转向CFO继续谈道:"再如,如果每个人都只是在为自己的部门服务,那么讨论预算有什么用。我看裘德说得没错。"

裘德本想阻止卡特继续说下去,但已经太晚了。卡特又开始接着说了起来:"如果不解决'部门壁垒'问题,公司的局面很难有大的改观。我想大家心知肚明,这个问题并不是员工的问题,而是我们这些人的问题。"

这时,销售部副总裁举了举手,他是裘德熟识的人之一。没等卡特叫他,他就惊讶地笑着问裘德:"这是你说的?"

裘德还没来得及回答,卡特答道:"不,是我说的!"

销售部副总裁转向卡特说道:"不是吧,卡特,在过去的几个月中,针对此问题,我们取得了很大进展。老实说,我觉得我们已经消除了大多数人过去喜欢在背后指指点点、说三道四的做法了。"

此时，有一两个人点头表示同意他的看法。

然而，技术部副总裁反问道："那我们为什么没有任何进展呢？为什么我们的员工对彼此都如此失望呢？"

卡特示意结束讨论后说道："这正是我们今天要讨论的问题。"

会议室突然安静下来，卡特看了看裘德，坐了下来。所有人的注意力都转移到这位前公司员工的身上。

盲目的激情

裘德站起来走到会议室的白板旁却不知道该如何开始。他决定从一个问题开始:"这里有人曾在陷入危机的公司中工作过吗?"

一阵沉默之后,销售部副总裁说道:"难道你觉得我们当下的处境很舒服吗?"

大家顿时被这个黑色幽默逗乐了,只有卡特依然严肃。

裘德澄清道:"不,我说的是真正的危机,那种大船将倾的危机。"

又一阵沉默过后,CFO说道:"这个我倒是经历过,当时我们所有人都认为那条船已经危在旦夕,说翻就翻。"

裘德自然不会放过这个机会:"当时是怎样的情况呢?"

CFO一本正经地解释道:"当时我在海军陆战队服役,我们的船碰到了一颗小型水雷,被炸得差一点就要翻了。"

会议室里一阵爆笑,这回连卡特都乐了。

裘德强忍笑声,装作无可奈何地强调道:"好吧,有没有商业上的案例?"

会议室的气氛活跃了很多,有小声探讨的,有陷入沉思的。销售部副总裁又站了出来说道:"几年前,我在中西部地区的一家厨房电器制造公司工作过,负责销售烤箱和炉灶之类的产品。后来,由于贸易政策改变的影响,拥有廉价劳动力优势的国外制造商大量涌入,我们的市场份额开始急剧萎缩。"

"嗯,你们是如何应对的?"

"一开始我们生闷气,后来尽量试着想办法解决。刚开始,我们希望能够通过降低成本来解决问题,但是后来很快意识到我们不可能在价格战中占据优势。"

裘德注意到在座的其他人都对此不是很感兴趣,所以补充道:"我对这个经典的商业案例非常感兴趣,请继续。"

"后来我们决定对品牌进行重新定位，努力在高端市场谋求一席之地，只有这样才能保证公司有足够的利润活下来。而我们则必须在不到一年的时间内完成调整，否则公司就得关门大吉。"

"结果呢？"

"我想在座的一些人家里就有一个迪威特烤箱或灶具的吧。因为我们在6个月内改变了这家公司。"

会议室里有人发出惊叹的声音。

裘德准备重新开始会议研讨了，因为他现在没有会议开始前那么焦虑了。

裘德继续补充道："那么，你们公司是如何做到这点的呢，我的意思是，大多数公司都不可能在6个月内成功改变定位，而很多公司花6年时间也未必能做到这一点。"

销售部副总裁毫不犹豫地答道："因为我们别无选择。"

"没错，"裘德神采飞扬地说道，"这就是我说的危机、号角，它们能激发出公司最好的一面。"

CFO插话道："没错，当我回顾我的职业生涯时，我们公司做得最好的时候往往是我们面临困境的时候。"

卡特突然问道:"所以,你是在建议我们制造一场危机吗?"

裴德沉思了一会儿,答道:"如果能让员工团结起来,那么这不失为一个选择。"

在座的人都为这个答案感到震惊,裴德感到一股质疑的情绪开始在会议室中蔓延。"不过我并不认为这么做是最明智的选择。"他补充道。

卡特似乎松了一口气。

裴德继续说道:"我认为,一家公司应该在危机来袭之前找到一种方法,让员工围绕一个共同的事业而团结起来。"

这句话抓住了大家的注意力,裴德正准备往下讲,公司的首席法律顾问发言了:"并非每次危机的结果都是涅槃重生,有时候船确实就沉了。我以前待过的两个公司就是让危机事件给摧毁的。"

此时,裴德感觉自己像是在一场拳击比赛中,被一个即将被他击倒的对手出其不意的一拳打了个措手不及。他停顿了一下，试图整理一下思绪。他突然有了灵感，然后说道："说得没错，一场危机的确是把双刃剑，既有可能让公司陷入更大的困境、造成更严重的'部门壁垒'问题，也有机会消除部门间协作的障碍，让员工变得空前团结。这要看领导团队如何去驾驭它了。"

"这是什么意思？"卡特想知道。

裘德没有直接回答，转而问销售部副总裁："刚才的案例中，你们公司都做了什么？"

销售部副总裁问道："你是什么意思？"

裘德解释道："我的意思是，你们是如何让公司好转的？"

此时，裘德真不敢相信自己居然在公司高层会议中，对一位高管进行提问。当个局外人还真不一样。

销售部副总裁想了想，答道："我不太记得了，只知道我们当时做了很多事情。"

裘德很有耐心地问道："那你觉得让你们成功的最重要的事情是什么？"

过了几秒钟，销售部副总裁解释道："我想应该是我们讨论的第一件事，重新设计产品，尤其是外观、触感和操作功能。我们必须重塑公司品牌，以反映我们所追求的新市场。新的Logo、新的代言、新的广告。"

裘德的大脑飞速运转着，他本能地走到白板前写下"重新设计产品"和"重塑公司品牌"。

"请继续。"他礼貌地敦促道。

"我们也不得不重新定价。之后，我们面向经销商和零售商做了一次大型推介活动，培训他们如何更好地向终端客户描述我们的产品。"裘德跟着在白板上写下了"重新定价"和"经销商培训"。

销售部副总裁盯着白板上的内容，思考着当时的情况，继续说道："哦，对了，我们还告诉我们的员工如何从全新的角度认识和介绍我们的业务，为此我们做了大量的再培训。"

裘德继续在白板上写下"再培训"，问道："还有吗？"

"当然了，我们采取的措施有上百项之多，刚才那些是比较大的方面，其他的大多可以归类到这几个方面当中。事实上,你在白板上这么一写倒是提醒了我,我们当时也有一个类似的清单。我们几乎在一年的每次会议中都把那个清单作为会议议程。我记得清单上有八九条内容,其他的我实在想不起来了。"

现在,裘德已经完全有自信能够掌控整个会议了,就连说话的声音也大了几分:"那么,你们呢?假设贝奇科技当前遇到了重大危机,你们应该为贝奇科技列一张怎样的清单呢?"

卡特笑着说:"裘德,你是什么意思呢?希望我们破产?"

裘德不好意思地说:"抱歉,是我太兴奋了,导致忘乎所以了。我的意思是,我们可以未雨绸缪,设想当危机发生时,我们会列一张怎样的清单。"

大家听后毫无反应。

只见卡特站起来,走到裘德身边,让他坐在整个会议室唯一空着的CEO的位置后,看着销售部副总裁问道:"你在迪威特的时候你们的战斗口号是什么?"

"生存,"对方答道,"通过重新定位寻求生存。"

卡特转身就在裘德所写的内容上方写下了"生存"这个

词，然后问道："下面这几条都是你们实现生存必须完成的目标，对吗？"

"对的。"

"如果没有这句战斗口号，下面这5个目标就失去了意义，对吗？"

所有人都点头同意。

"那么我们的战斗口号是什么呢？"卡特停顿了一会儿，接着说道："这不是一个反问句。我希望每个人都试着回答一下这个问题。如果迪威特靠重新定位来求生存，那我们应该专注于什么呢？"

裘德高兴得不能再高兴了，因为在刚才所讨论的过程中卡特不仅明白了一些事情，他还帮裘德弄明白了一些事情。

说完，卡特走到裘德身边，把马克笔递给他后说道："该你了，老板。我需要考虑一些事情了。"说完，卡特回到了自己的座位上了。

两分钟后，估计大家考虑得差不多了，裘德问道："好，都说说，有了什么想法？"

CFO第一个说道:"我认为我们必须合理安排开支,以免裁员。"

裘德把这写到白板上后,转身看着技术部副总裁。

"我认为我们需要淘汰一些收益不好的产品,专注于我们认为有前景的产品。"技术部副总裁说道。

裘德在记下这话的同时,把头转向了销售部副总裁。

"我想弄清楚我们的新价值主张是什么,以及如何把我们的信息传达清楚。"销售部副总裁说道。

接下来发言的是市场部副总裁:"我同意这一点,打磨我们的信息至关重要。"

客服部副总裁表示同意技术部副总裁的看法,支持进行产品清理工作,而首席法律顾问则支持削减开支并合理化开支安排。

最后卡特说道:"你们说得都很好。只是,我还要补充一点关于人员配备的问题。我认为我们需要填补一些关键职位的空缺,处理一些表现不佳的及不适应公司文化的员工的问题。"

裘德把卡特的提议也写在了白板上，转过身看到卡特皱着眉头，问道："有什么问题吗？"

"没什么问题，为什么这么问？"

"因为你皱眉了。"裘德回答道。

卡特笑着说道："还是你厉害，我还没想明白怎么说，只是感觉我们少了一个大而清晰的东西。"

听到这话，大家的目光都转到了白板上，审视起白板上的内容。

裘德意识到每个人刚才讲的都是一些重要的行动，而不是战斗口号。

"我想我知道你要什么了。"裘德在刚才记录的建议上方画了一个方框，对大家说道："刚才大家讲的都是基础，而我们需要的战斗口号是这种……"他转身在方框中写下"完成合并，创建新公司"。

裘德写完后退开两步，等待着大家的反应。

过了许久之后，卡特才回应道："嗯，这是我们必须做的。"

其他人陆续开始点头,裘德能感觉到,他们并非在纯粹附和老板的意见,而是客观上也认同这个答案。

这时,CFO举手问道:"时间规划是什么?"

见大家没有马上反应过来,他又澄清了一下问题:"我的意思是,我们应该什么时候把这一切都做完?"

"我不知道。"裘德回答道。

他真的不知道正确答案是什么,但他很想听听在场的领导们是怎么想的。

卡特问道:"关于这方面有没有比较通用的规则,例如,一年?"

裘德皱着眉头说道:"嗯,大多数公司都是这么做的。但我认为,除一年是依据典型的规划周期和财务进度所提出来的外,这背后没有任何真正的逻辑。"

裘德见没人反击后,继续说道:"我的意思是,我认为围绕这些内容的时间规划应该取决于行业特点和企业现状。"

这时人力资源部副总裁举手发言了:"是的,对于这个时间规划,当我在初创公司工作时,我们考虑的是几周或几个月；但当我在大学工作时，这个时间规划总是大约一年或更长时间，因为学术圈的进展要慢得多。所以，我认为我们可能介于两者之间。"

这番话对大家很有启发。卡特追问道："考虑我们的业务情况，那我们的规划该怎样定比较现实和可行呢？"

销售部副总裁回答道："我认为我们可以在一个月内完成，反正这次合并已经结束一年多了。"

CFO反驳道："我可不这么看，迄今为止，针对刚才提到的每件事情我们还有一些问题没有解决，这将需要更多的时间，我建议我们给自己一年时间去把它做好。"

"一年？！"销售部副总裁吃惊地问道。

裘德又问了几个领导团队成员，收到了几个不同的答案，大多集中在3～6个月。裘德转向卡特："看来没有特别统一的意见，该是你做决定的时候了。"

卡特简单想了一下，向大家宣布："我看就5个月吧，正好到今年年底。要是有点紧迫的话，我看也挺好，压力就是动力。"

既然老板发话了，大家便不再争执。

现在，裘德的最后一个问题也得到了解决，看来他的这套"危机"理论还挺有说服力。想到这里，裘德变得越来越精神了。

看到贝奇科技领导团队已经逐步接受了自己的理念，裘德别提有多高兴了。他决定再做一些更深入的探讨，确保达成能够落地的行动方案。

裘德擦掉白板上的内容，重新在白板上写下：

完成合并，创建新公司

◎ 削减不必要开支

◎ 精简产品线

◎ 关键岗位招聘/处理不合格员工

◎ 提炼价值主张并传递给消费者

写完后，裘德转身问大家："也就是说，只要我们做到这四点——削减开支、精简产品线、人员调整、传递价值主张——就能自信地宣布，贝奇科技已经完成合并、成为一个全新的公司了，对吗？"

没人回答，大家都在看着白板的内容，思索着什么。

裘德换了一种问法："会不会有什么东西被遗漏了？如果在接下来5个月里，我们就是纯粹做好这几件事情，那么5个月后我们是否能认为达到目标了呢？"

CFO突然发现了什么，喊道："不对，我们至少还得做各种财务报表吧？"

销售部副总裁频频点头称是，卡特看看裘德，表情像在说："对啊，财务报表这些事怎么办？"

裘德被问住了，此时首席法律顾问也插进来："还有，上周我们谈的两个案子还没解决呢。"

人力资源部副总裁则说道："我们这里有一些绩效考核的事，还要组织管理培训。"

在七嘴八舌的讨论中，裘德的大脑突然一片空白，千辛万苦达成的共识竟是如此不堪一击。他总觉得有什么地方不对，却一时理不清头绪——在场这么多领导者，没理由会在讨论中漏掉这么多内容啊，大家刚才为什么一直没注意到这些呢？

幸运的是，卡特再次出手救场了："等一下，这些都是我们的本职工作吧？"看其他人似乎没太明白，就继续说道："我是说，刚才提到的要做的这些报表、案件、绩效等工作，其实就是我们手头一直在做的事情。要是这么算的话，广告、会计、产品开发，甚至连公司聚餐岂不都成了任务目标？"

裘德终于明白了卡特的意思，点点头总结道："这些都是各部门日常管理的目标，但那些……"他指指白板上的内容说道："它们是公司在未来5个月独有的目标，因为5个月之后，这些目标要么无须再考虑，要么就变成标准融入日常管理中了。"

卡特补充道："没错，如果各部门不做日常工作，这些目标就无从谈起。但是如果我们的注意力都放到日常工作上了而忽略了真正重要的目标，公司就会永远无法取得突破。"

虽然说到这里，大家总算慢慢明白了其中的道理，但裘德知道还有很多障碍即将出现。

团队第一

在大家即将达成共识时,首席法律顾问举起手问道:"我还是不太理解自己应该如何参与。我的意思是,上面列出来的目标无一与我的职责相关。"

大家被她的问题所吸引,又是一轮新的思考。人力资源部副总裁尝试着建立一些关联:"怎么没关系?公司在市场宣传时肯定需要法务的帮助,我在辞退个别棘手的员工时同样非常需要你来一起应对。"

这个回答多少说服了首席法律顾问。这时,卡特有点生气地说道:"等一下,我不喜欢你刚才的那个问题。"

大家都盯着卡特,一脸疑惑。卡特向大家澄清道:"我们现在不是在讨论各部门的具体职能。老实说,我不关心你们的部门,你们的头衔或职责都是些什么。我现在需要大家都专注于重要的事情。"然后,他看着首席法律顾问说道:

"也就是说，作为团队的一员，我希望你能够像关心法律问题一样对我们围绕产品和营销所做的事情感兴趣。这是我让你加入这个团队的原因，不是因为你是一个好律师，而是因为你可以在各个方面做出贡献。"

裘德真希望自己录下了这段谈话，但又觉得自己不可能忘记这件事。他补充道："下一个战斗口号可能涉及法律部分，但这并不意味着和其他人无关。"

技术部副总裁表达了自己的看法："是不是可以这么理解，这就像我们在一起的时候要忽略我们的头衔，而等回到本职岗位干工作的时候，再戴上我们的功能帽子。"

这个形象的比喻让在座的众人露出了恍然大悟的神情。

"你这都是从哪学来的？"CFO揶揄道。

在众人的笑声中，卡特朝裘德点头示意："干得漂亮！"

裘德从来没有像此刻这样享受当顾问的乐趣，现在他要做的就是想办法以此为生。

至此，卡特认为"部门壁垒"的问题谈得差不多了，决定回到会议的最初议程上来，当众对裘德表示了感谢。各位领导团队成员也纷纷友好地称赞裘德："非常棒！""真的帮了大忙！"还有裘德最爱听的"希望下次再见"！

当卡特把裘德送到门外时说道："明天我要出差5天左右，等我回来后咱们讨论一下，看做些什么能够让今天的方案尽快落地。"

裘德自然满口答应，随后告辞离开。他希望卡特下次能成为自己的付费客户，而不是仅仅向他请教一个问题。在贝奇科技的成功经历，让裘德很是期待明天和儿童医院领导团队的会议，甚至期望能重回麦迪逊酒店解决问题。

不过眼下的首要之事是去看望女儿们。医院的监护室里，裘德幸福地凝视了两个宝贝儿40多分钟，然后把今天的经过讲给特蕾莎听。特蕾莎听完后立刻提醒他打赌的事："欠我的那50元就用一顿烛光晚餐来还吧，云雀之泉餐厅如何？"

裘德当然乐得愿赌服输。吃饭时，他们谈得最多的是女儿们这段时间的成长变化，以及她们什么时候能出院回家。也有那么一小会儿，特蕾莎很乐意听裘德畅想公司的未来发展。

裘德发现，他需要找到3个付费客户，才能维持公司正常运转。如果他再能找一些其他项目来增加收入，同时再逐步提高服务单价，到今年年底时他的业务就会处于良好状态了。不管怎样，儿童医院现在仍然是他的重要客户，明天的会议不容有失。

首次测试

那天晚上，裘德花了很多时间准备第二天早上与琳赛和她的领导团队的会面。当他到达医院的会议室时，他感到非常自信，他的理论比以往任何时候都更加可靠。然而这种信心被这样一个现实抵消了：一群新的领导者可能会改变一切。

儿童医院的领导团队共有8人。大家入座后，琳赛首先介绍了裘德，然后简单地谈了一下今天请他来的原因。琳赛最后说道："我希望咱们所有人成为一个真正的整体，而非缘分凑巧地在同一栋大楼里工作。下面就请裘德为我们主持这次重要的会议吧。"

裘德走到会议室前面，问了大家一系列有关团队行为的问题。例如，他们是否能够彼此坦诚，敞开心扉？他们能否按照自己的真实想法展开工作上的争辩？等等。

经过短暂的暖场，团队成员很快就活跃起来了。很快，裘德得出了结论——正如琳赛之前所言，领导团队中不存在明显的个性冲突，部门间的沟通障碍更多是由组织结构和部门立场所决定的，而不是人际关系。确认了这个前提，裘德开始正式启动他的解决方案。

首先，裘德先问领导团队成员是否经历过危机，然后花了10分钟帮助他们意识到，团队往往在面临困境时表现最佳。

他告诉大家他妻子在急诊室的经历，这不仅有助于让大家明白他刚才所说的这一点，而且似乎帮助他们把裘德当作一个普通员工来认识，而不仅仅是一个顾问。就在讨论开始深入人心的时候，裘德突然问了大家一个反问句："为什么要等危机发生后我们才会做一些事情呢？"他认为这个问题应该是他未来的工作坊的主要内容。这让大家都怔了一下。

裘德无比激动地继续说道："为什么我们不主动创造出类似的目标，营造出方向明晰、使命感强烈的氛围，让大家能够就像在濒临破产时那样努力奋斗呢？"

这些话引起了大家的关注。裘德感到时机成熟，于是直奔主题，提出了整个会议最重要的核心问题："各位，放眼未来的6～9个月，咱们这支团队要实现的最重要的一个目标是什么？"

负责管理所有医生的医务部主任第一个发言："这取决于你问的是谁。护理部、行政部和营销部的答案肯定都不一样。"

琳赛看了一眼裘德，仿佛在说："看吧，这就是问题所在。"

裘德从容地回答道："当然，我知道各部门有不同的关注领域和擅长的专业技能，这是件好事。然而我想问的是，如果不考虑你的部门角色，为了公司的整体利益，你需要关注的是什么呢？"

什么反应也没有。裘德换了一种表述方式："这样吧，想象一下，每人头上都有一顶帽子，上面写着你的部门和职务。现在摘掉它，把自己当作一名不隶属于任何部门的管理人员。明年这个时候，如果我来这里与你聊起医院的变化，什么样的积极变化是你最乐意、最优先介绍的？"

这似乎激发了大家的一些想法。护理部主任开口说道：

"我希望能看到员工士气的提升。要是无法改善激励的手段,我不知道如何才能维持一个高的护理水平。"

医务部主任反驳了她:"请不要误会,我当然非常乐意看到员工效率和士气的提升。不过老实说,我更希望看到我们在临床技术上多做一些投入。这方面落后了,其他的都没用。"

护理部主任不以为然地翻翻白眼。旁边的行政部主任,一位打着领结的小个子男士,此时跳了出来说道:"听着,如果我们不解决基础问题,从账单系统到预订系统,再到邮件系统,都是一团糟。这些活没一个是好干的,我的人快走了一半了。再这样下去,想购置点新设备估计都困难!"

现在很明显,每个人都在牢牢守着自己的利益。琳赛头都大了,说道:"现在还有人说,咱们这里不存在'部门壁垒'吗?"

医务部主任并不认同老板的话:"这不是'部门壁垒',这是我们在为病人着想。"

"是的,还有我们的医生需要怎么做。如果没有医生的帮助,医务部做得再好,病人也不会高兴的。"有人插话道

"就是啊，可不能忘了我们做医生的，我们多重要啊！"护理部经理学着医务部主任的腔调讽刺道。

"没错。要不是医生的工作，病人的问题找谁解决？"

"照你这么说，我们护士就是可有可无了？"

行政部主任不甘落后："那倒不是，但再好的护士没有仪器设备也做不了什么。"

眼看口水仗越演越烈，一旁的人力资源部主任叹了口气说道："我已经受够了你们医生和护士的天天争论了，有必要吗？医院需要你们两个部门都发挥作用。从这个角度来说，我们同样需要采购、会计、厨师和保安。顺便说一句，还有我们做人力资源的。大家都很重要，一个也不能少！"

医务部主任和护理部主任互相对视了一眼，好像在说："我们真的需要人力资源管理人员吗？"

人力资源部主任开始有点控制不住情绪："嘿，认真听我说，每次我的人去找你们的人，"她指了指医务部主任和护理部主任，"想让他们配合做点儿跟病人没有直接关系的事儿，结果总是碰一鼻子灰。他们每次回来都变得士气非常低落。这太荒谬了，他们做的也是正经的、有价值的工作！

要是你们觉得我们没尽到人力资源的本分，可以说出来，我们会看看如何能有一些改进。但是，如果你觉得我们毫无存在的意义，拜托炒掉我，结束我的痛苦，让我到那些能够正视管理工作价值的地方去。"

她气呼呼地停了一会儿没说话，大家还以为她讲完了，没想到接着又来了第二波，而且情绪比刚才更激动："我要说的是，尽管我的人没上过医学院，不会拿手术刀为患者争取一线生机，但这不代表他们不关心病人。只不过他们的方式是为那些照顾病人的同事们做好服务，有什么不对？难道偶尔认可一下我们的工作就那么难吗？"

在场的人显然是被这段话震住了，都沉默不语。

为了避免再次爆发口水战，裘德插话道："现在，我要你们把这顶帽子都摘下来。这意味着，你，现在不是医生了，你呢，现在也不是护士；还有你，不是行政管理人员；你不是HR；边儿上那一位，你也不是社区关系……呃……还是社区联络……不管了，总之你不再是原来的你了。"看到裘德忘记了对外事务部主任的头衔，大家忍不住被逗得乐了起来，紧张的气氛得以稍稍缓解。

"现在,你们全都只有一个角色,那就是'萨克拉门托儿童医院院长'!明白了吧?"

看到大家若有所思,裘德停了几秒钟,然后继续说道:"作为医院院长,为了让医院最大限度地实现长期发展目标,你们认为现在需要完成哪些任务?"裘德拿起桌上的医院宣传单,说道:"这上面讲了,你们希望在未来5年内成为萨克拉门托最好的医院,全美排名前十的儿科医院,是这样吗?"

所有人都毫不犹豫地点点头,向裘德表示他说的没错。

总算有了一点共识,裘德稍稍松了口气,继续问道:"那好,请各位想想看,要完成这个目标,接下来一年内最大的障碍有哪些?"

大家开始认真地思索,行政部主任先表达观点:"我认为是患者支持服务,这是我们最大的弱点。我们的临床技术和医护水平都很强,但常常因为混乱一片、上下脱节的患者服务丢分。"

他的话意外地赢得了不少赞同,大家纷纷点头同意。护理部主任也表态了:"我同意他的看法。实际上,临床方面的工作从来不缺乏提升的空间，但现在的当务之急是患者服务问题。大家都看过患者调查表，无论是来我们医院做手术、生孩子还是仅仅做个体检，客户感受最不好的就是这一点。我们在服务上吃太多亏了。"

医务部主任反驳道："我只是不愿意把目光从临床技术上移开而已。"

对外事务部主任马上提醒他："你现在戴的是医生的帽子还是医院理事的帽子？"

对方只好悻悻地承认："好吧，确实是医生的帽子。可是我不希望……"

这次是琳赛打断了他："听着，我们不是打算忽视临床治疗这一块，但为了实现医院的目标，总是会有牺牲和让步，也会有妥协和平衡。我非常希望我们能够在一起，共同做出那些困难的决定。"

大家都沉默了，像在回味她刚才的话。琳赛继续说道："好的，患者服务是个大问题。接下来呢？"她看看裴德。

裴德在白板上写下"改善患者服务"几个字，然后说道："请大家每人写几条可以帮助医院扭转这一局面的建议。2条，3条，4条，都可以。"

营销部主任举手问道："我们把'改善患者服务'这个事称作什么呢？"

看到裴德没有理解，对方澄清道："我是说，我们可以把它称为一个'目标'还是一个'任务'，或者别的什么？"

裴德略一沉思，说道："我也不知道。或许我们可以把它叫作……"顿了顿，接着说："叫作'主题'，不，'主题目标'如何？"

在场的有3位听完就在纸上记了下来。裴德暗暗自得了一下，觉得这个词儿不错，可以用来代替昨天在贝奇科技开会时卡特用的"战斗口号"。

裴德重申了一遍："好的，为了实现'改善患者服务'这个主题目标，请大家写下几条你认为必须做到的事情。"

一直没说话的财务副院长问道："需要有数字性的描述吗？"

"不，完全不需要。咱们首先明确要实现主题目标必须在哪几个大的方面有所建树,而不必用数字描述得非常精确,以免一开始就陷入细节当中。我们在后边的环节会处理数字的问题。"

没人质疑裘德的理论和做法,大家开始专心地忙碌起来,完全沉浸到思考当中。这正是裘德最想看到的局面。

三四分钟后,裘德开始提问,请每个成员发言。发言结束的时候,裘德已经在白板上总结了4个方面:

◎ 更高的业务吞吐量。

◎ 整合临床信息系统。

◎ 改善病例管理能力。

◎ 加强联合规划工作。

裘德问大家:"还有没有遗漏的方面?如果我们做到了以上这几条,还有没有其他的方面可能会让我们在患者服务上失败呢?"

"啊,我们忘记了一个很重要的方面,"说话的是财务副院长,"我们的门诊预约和沟通问题呢,这事不是让我们一直感到头疼吗?"他的话说到了众人的心里,就连医务部主任也一反常态地附和道:"没错,这方面不改善我们寸步难行。"

裴德把"门诊病人管理能力"这一条补充到白板上,然后向大家寻求建议:"我们该怎么称呼这与主题目标紧密相关的五大方面呢?"

医务部主任突然来了灵感:"既然它们共同决定了主题目标是否能实现,把他们称为'分解目标'怎么样?"

大家似乎都很认同这个想法,裴德也感到很不错,手指着板书的相应内容说道:"好,那我们已经有了主题目标和分解目标。"然后站到一边,让大家充分地回味一番。

裴德知道他们心中肯定还有一个大大的问号,于是决定先发制人:"好了,我敢打赌你们肯定有人在心里犯嘀咕了'我的日常工作怎么办'?请各位放心,大家平时该干什么还干什么。医生照样要做好手术,护士照样要护理病人,财务照样要搞定那些账单和保险。"

现场立刻有人在抿嘴偷笑起来,显然是被裴德说中了。

"常规的具体工作当然很重要,但如果各位每天想的就是这些,一个月、一个季度乃至一年的时间都将在日常的忙碌中匆匆流过，而你们的医院不会有什么大的进步。"说到这里，裘德暗自在心里对卡特感谢一番，让他学到这么有说服力的话语。

听到这里，医务部主任突然惊叹道："我觉得一切都有道理，这是正确的目标。"

其他人看到他的反应都露出一种不可思议的表情。裘德后来才知道，原来他一直是一个愤世嫉俗的人，他很少对别人的主意表示认可。这次的反应让我们都很震惊。

"然后呢？"琳赛问道："我同意你的说法，不过感觉还是比较笼统，接下来如何执行，我们需要有更明确的指导。"

看到琳赛出面敦促自己，裘德深感欣慰，他不希望让其他领导者认为琳赛和他是一伙儿的。这种印象对建立彼此的信任非常不利。

"接下来我们可以分两步走，"裘德指着白板说，"首先弄清楚如何评价这些分解目标，其次列出一个简短的可持续行动的目标清单，再持续跟踪目标完成情况。"

"如何评价和跟踪分解目标的执行呢？"提问的是运营

副院长,"我们需要一个在线工具吗?"

裘德摇摇头:"我看不用。执行的关键在于员工在会议上的汇报。"

裘德看到琳赛皱起了眉头,似乎不是很理解,继续解释道:"就是说,每次开会时,大家都应该先问问自己在这些方面做得如何?"

"你的意思是,每次我们都要检查所有的目标完成情况,跟进完成数据做评价?"琳赛问道。

因为这个概念是新琢磨出来的,裘德只好完全跟着感觉走:"不,我觉得不应该过于量化地评价这些目标,否则大家很容易跑偏,从而忽略了对目标的整体把握。"

营销部主任对此表示认同:"对,一旦陷入细枝末节,我们很难跳出来从一个比较高的站位来审视整体的工作了。"

琳赛还是想看到更多的证据:"好吧,请裘德现在带我们做一个示范,看看在没有数据的情况下,如何去评价这些分解目标。"

裘德笑了笑说道:"好,我们就来试试看。让我们用一个简单的方法,采用数字1到5为它们各自的进展打分如何?"

琳赛摇摇头说道:"我觉得还是有点复杂。想要简单的话,干脆就用红黄绿3种颜色来表示不同进度。绿色表示'状况良好',黄色表示'一般般',红色表示'亟待改善'。"

裘德对这个建议很支持:"好的,那就让我们来看看第一项……"

在接下来的10分钟中,裘德带着大家分别对医院在5个分解目标上的表现进行评价,使用不同的颜色做了标注。经过讨论,达成的共识如下:

◎ 更高的业务吞吐量——黄。

◎ 整合临床信息系统——红。

◎ 改善病例管理能力——黄。

◎ 加强联合规划工作——黄。

◎ 门诊病人管理能力——红。

"难道不应该至少得有一个方面是绿的啊？"财务副院长问道。

裘德耸耸肩，回答道："要是有哪个方面确实进度良好，当然应该是绿的。未来这种情况肯定会出现，不过既然我们是刚开始，这些分解目标非红即黄也是可以理解的。"

大家还在凝神盯着白板上的内容，这时裘德说道："让我们再深入一步，在分解目标之外加入一些标准运营目标，让我们能够更加完整地了解医院整体的运营情况如何。"

"标准运营目标已经确定过了吗？"琳赛问道。

"还没有，我们现在就做这件事。为简单起见，我想标准运营目标最多不超过5条。"

整个团队花了大约15分钟进行讨论，然后设定了以下标准运营目标：

◎ 病床入住率。

◎ 临床结果。

◎ 营业收入。

◎ 人员配比。

◎ 单例成本。

裘德指着板书从上到下回顾道："主题目标、分解目标和标准运营目标，"然后兴奋地反问道，"那么，我们为什么不把今天的这套东西作为今后领导者开会的基调呢？"

众人纷纷认可了裘德的建议，以后开会就指着它了。琳赛还有一个疑问："裘德能解释一下吗，这套东西跟解决'部门壁垒'问题有什么关系？"

还没等裘德开口，财务副院长抢先回答道："我想它的意义在于，如果今后哪位为部门争取利益但和以上这些没有关系的话，我们就能够明确地告诉他，这不应该是我们优先考虑的事情。"

护理部主任补充道："老实讲，这么一来确实不一样了。看到这些目标，我很难站在护理部的立场上一争短长，而不考虑医院的整体利益。"

"我觉得可能事情没有想象的那么简单，"说话的是行政部主任，"特别是考虑到当我们回到本部门后，仍然会被员工提出的各种各样的资源需求狂轰滥炸，我们很容易就被推着退回到原来的沟通模式上了。"

裴德表示同意:"你说得没错,所以我们才要不断地回顾它,紧紧地围绕它来开会。"

琳赛一脸严肃,语气也比平时强硬了几分,说道:"我来把我的要求向在座的诸位明确一下。诸位回到各自部门后,要将本次会议的成果清楚无误地传达给员工,让他们真正理解我们如何考虑各项工作的优先级、为什么我们做了一些事及没做另一些事。"

她顿了顿,征求裴德的意见:"我们应该是可以把这些事明确地传达给每个员工的吧?"

裴德想了想,答道:"我觉得完全可以,如此一来员工们能够从一个更广阔的视角来看待他们手头的工作。"

医务部主任表示赞同:"这样还能让他们和其他部门的联系更紧密,而不是只停留在自己的小圈子里。"

会议开到这里,裴德确信琳赛和她的领导团队已经完全接受了自己的建议,并且能够感受到他们的兴奋。琳赛宣布会议暂停,请大家都休息一下,单单把裴德和财务副院长留了下来。

新的客户

会议室只剩裘德、琳赛和财务副院长3人。琳赛对裘德说道:"今天的会议很有收获,可以考虑我们能给裘德付多少费用了。"说完看看财务副院长。

财务副院长有点吞吞吐吐地说道:"嗯……首先,我同意琳赛的看法,裘德的帮助绝对物有所值。"

裘德一听就知道不太对劲。果不其然,对方接着说:"不过我们的预算还没通过,现在恐怕只能支付给裘德一半的服务费。"说完他转向裘德:"很抱歉,确实是条件所限,我已经尽力而为了。"

面对这种情况,裘德虽心有不甘,但仍平静地说道:"我理解你们的管理流程。看来是我运气不好,没有赶上合适的时机!"

琳赛好像突然想到了什么:"对了,我可以打电话向几位朋友推荐你，有SG公司的CEO和圣玛丽医院的院长，还有一位在弗里蒙特经营汽车制造厂的老同学，她那里的咨询预算应该不少。"

财务副院长也说道："我这里有几个供应商或许能用得上，如为我们生产制服和床单的海特纺织。我可以安排你和他们的老总见个面。"

这些虽然不是钱，但从长远来看显然更有价值。对方的真诚让裴德很感动，不由连声道谢。

会议的后半段就比较轻松了，裴德主要是帮助他们确定了每个分解目标的细节，其中包括日期、指标及完成标准等。

下午会议结束时，琳赛对裴德再三表示感谢，说以后有问题还会请他帮忙。临走时，裴德开心地享受了儿童医院领导团队热烈的掌声。这些掌声无疑是对裴德工作价值的最大肯定。

家庭烦恼

回到家里时，裘德告诉特蕾莎虽然医院暂时没办法给他全额的咨询费，但他还是很开心，因为他取得了成功。不同寻常的是，特蕾莎似乎无法专注地听裘德讲话。等裘德讲完，特蕾莎道出了自己的烦恼。

"医生们说宝贝们好转得比预想的要快……"说完她竟然哭了起来。

"这可太好了，不过你怎么了？"

"医生说她们将提前5天回家了，整整提前了5天。"特蕾莎停顿了一下说，"我只是不知道我是不是能够照顾好她们。"

裘德笑着说道："别担心，你肯定会把她们照顾得很好的，你有这个天赋。"

特蕾莎轻声说道："我已经习惯了让经验丰富的医生和

护士照顾她们，真想让他们再多照顾一周。我是不是太狠心了？"

裘德安慰妻子道："没关系的，别瞎想了。不用怕，我会在家里帮你照顾孩子们的。"

"可是你工作上有那么多事情要做……"

"别担心，我现在有希望多为几个客户服务，等孩子们回家后，我会休两周假，帮助你照顾她们。你妈妈也会帮忙照顾她们的。"

说完，裘德就在想如何争取客户的事，他低头一看，发现特蕾莎已经睡着了。这时，他才意识到，在照顾了孩子们将近3周的过程中，遇到了很多不确定和紧张的事情，这让她太累了。此刻，裘德也已经疲惫不堪了，但他知道，如果他想全身心地照顾孩子两周，他还需要再坚持努力5天。

但不知怎么了，他竟然渴望接受整夜喂奶和24小时换尿布的挑战，也不想再回麦迪逊酒店谈合作。

重战麦迪逊

裘德从和丹特通话的语气中,可以感觉到,自上次堪称灾难性的会议之后,丹特对他良好的商业顾问的看法已经发生了改变。尽管丹特并没有显得特别冷漠和失礼,却让他感到特别生疏。尽管这样,丹特还是答应晚些时候可以见面,这样裘德就有机会说服丹特,让他再次面对酒店的领导团队。

裘德按照约定的时间赶到麦迪逊酒店见到丹特,丹特还没准备好让裘德与他的领导团队谈论"部门壁垒"的问题,而是说道:"裘德,我想你最好先告诉我你准备怎么做,然后我再召开领导团队会议。"

尽管裘德有些失望,但是他知道,如果丹特能给他和他的领导团队开会的机会,他就能说服他们接受自己的理论方法。但他还是接受了丹特的提议,毕竟,任何一个CEO都不会愿意因为某个咨询顾问而失去整个领导团队的信任。于是,裘德详细介绍了自己的做法。

在他先谈了危机的力量后，丹特很容易就理解了，并且感叹道："为什么要等待危机？"此话一出，裴德知道他的机会来了。

之后，裴德让丹特思考酒店的主题目标是什么。丹特随口谈了几个想法，如工作效率、客户回头率、清晰的市场定位等，但似乎这些都不是主题目标。

于是，裴德鼓励丹特从更广的角度来思考："在未来9个月，你最希望看到酒店出现的变化是什么？"

丹特想了一会儿，终于明白了，说道："我想让我们重新变得动力十足，不再被动地对竞争做出回应，而是有一个伟大的计划并坚决地执行到底，从而夺回在竞争中的主动权。"

紧接着裴德引导丹特考虑分解目标和标准经营目标。听到这里丹特已经让几个概念搞得有点犯迷糊了，最后不得不说道："这样吧，你明天再来给我们讲一讲。"

裴德心中一阵狂喜。不过，想到自己将要再次面对麦迪逊酒店的领导团队，他心里又有些慌张。"失败和被嘲笑大概是做咨询必不可少的经历吧！"裴德努力为自己减轻负担。

一雪前耻

在会议开始前,裴德私下和丹特沟通了一下,建议他在会上无须提及昨天谈过的内容。裴德希望与会者能够在自己的引导下逐步熟悉这个理论,避免受到一些不必要的误导和干扰。

于是,丹特直截了当地为会议开了场:"裴德带回来一些很有趣的观点和大家做个分享。作为酒店的资深顾问委员,如今更是我们的专业顾问,他的意见一向很有深度。请大家认真听听,看看有什么启发。"

虽然老板只字未提上次的失败,但大家都心照不宣。

裴德走到会议室前方,感觉自己就像一个站在陪审团面前的罪犯。他深吸口气,单刀直入地说道:"我这次来是想再次和大家讨论'部门壁垒'的问题,我认为要解决这个问题还是必须从在座的各位身上着手。"说到这里他停顿了一下，希望能让大家不再说话了。裘德继续说道："不过，我已经找到解决这个问题的具体方法了……"

前厅部副总裁根本不给裘德继续说下去的机会，不耐烦地说道："就是说，你这次回来是为了告诉我们，无论如何都是我们的错？"

裘德连忙澄清道："不，不是这个意思。我承认上次我有过一些失误。好在我也在不断学习，因此想让你们了解一下我最近收获的想法。我相信绝大部分公司的领导团队都可以通过这些解决办法减少办公室政治和部门间争斗。"

对方对裘德的道歉毫不领情："哦，这么说你认为我们这里有部门之别、派系之争喽，你凭什么……"

这时，丹特打断了前厅部副总裁的话："别激动，麦琪。我可以明确地告诉你咱们酒店确实存在部门之争。或许谈不上称其为'政治'，但酒店内部肯定是有各种不同想法的。我不知道你以前从事的高科技行业是什么样子，但我经营过的每个酒店都存在'部门壁垒'的问题。现在我开始意识到，我们是唯一能结束这一切的人。"

麦琪还是不依不饶："可是，一有人当面说我爱搞办公室政治，我就……"

话没说完她又被人给打断了，这次不是丹特，而是行政部副总裁："得了吧麦琪，你是这里最爱搞办公室政治的人了。整天开口闭口都是你的部门和你的人如何如何。工作时，不管在什么时候出了问题那都不是你或你的员工的错，都是别人的错。拜托，你承认一次错误有那么难吗？"

此时，裘德心里百感交集，虽然他为会议失去控制而感到难过，但是也庆幸他至少不再是众人攻击的目标，而且事实的真相正在慢慢浮出水面。

麦琪看起来就要爆炸了一样，最后终于忍住了。她气呼呼地把两手交叉在胸前，转过头看看裘德，意思是："行，随你的便吧！"

裘德见她安静下来，继续说道："好了，我认为酒店的'部门壁垒'问题其实是完全可以避免的。究其根本，无关谁的个性好坏，而是缺少共同目标导致的。"

听到这话，麦琪的几位同事冒出不置可否的古怪表情，好像在说"当然跟她的个性有关"。裘德不想在麦琪的个人问题上过多纠缠，接下来就把自己总结的观点和大家进行了共享。因为，他已经很会介绍解决"部门壁垒"问题的那套理论了。他介绍了"危机的力量"，之后提出这样一个问题："为什么要等待危机？"之后又详细介绍了主题目标、分解目标和标准运营目标等概念。

奇怪的是，每个人似乎都被这套理论当中不同的部分所吸引。客服部副总裁很是赞同危机的力量，而其他大多数人则被主题目标和分解目标深深吸引，CFO则等到讲完标准运营目标的时候恍然大悟。至此，除了麦琪，大家都已经对裘德心服口服了。

会议结束后，CFO打趣道："嘿，这次的效果好像比上次要好一点。"在大家的哄笑声中，裘德坦然接受了对方善意的嘲弄。重要的是，他意识到自己解决酒店问题的信念更加坚定了领导团队对他的信任。更重要的是，他强烈地感觉到，即使丹特不延续他的聘用合同，他的工作也会为酒店带来真正的进步。

自公司成立以来，裘德第一次如此坚定地相信，咨询顾问将成为自己的终身职业。

初见成效

几天后,贝奇科技的卡特给裘德打来电话,说自己还要继续出差,两周内无法再次会面。他向裘德保证一回来就深入探讨方案的具体实施,甚至在电话中不时提起主题目标的事,这让裘德确定他是认真的。

接下来的几周,裘德和妻子、女儿们待在家里,沉浸在初为人父的各种琐事和甜蜜中。裘德会在每天晚上给孩子们喂完奶后查下邮件,不过他对公司的生意并不担心。这并不是说公司的运转资金问题已经完全解决了,只是他知道公司的业务不是靠说服现有客户签订长期合同来支撑的,而是更多地依赖于他的理论方法是否有效。

不到一个月的时间里,裘德的客户名单包括了贝奇科技、儿童医院、麦迪逊酒店,还多了琳赛帮忙推荐的汽车制造厂和另一家医院。尽管受益的程度不同,但他们都在消除部门冲突方面取得了重大的进步。

贝奇科技在解决完"部门壁垒"的问题之后重新确立了行业的领先地位。卡特和他的领导团队终于成功完成了公司合并，后来利用这些经验快速收购整合了另两家公司。当"部门壁垒"偶露苗头时，卡特总是会回到主题目标和分解目标上，引导团队重新聚焦于公司整体的利益。

儿童医院那边在撮合医务、护理和其他部门时并非一帆风顺，不过在琳赛的不懈努力下，这家医院后来成为国内前20家最好的儿科医院之一。值得一提的是，琳赛后来调到了其他医疗机构，依然坚决地践行这套理论，成为行业内有名的"转型专家"。

位于弗里蒙特的汽车制造厂成为裘德最喜欢的客户，公司的CEO凯瑟琳·佩特森背景平平却极其勤奋，对组建管理团队很有一套。与凯瑟琳在这方面的交流不仅让裘德搞定了很多客户，而且在管理自家咨询公司时也受益良多。

麦迪逊酒店克服了前厅部和客服部之间的短期问题，其中很大一部分功劳要归于丹特坚决解雇了他难缠的前厅部副总裁麦琪。然而，每天处理人际关系的挑战让丹特不胜其烦，最终选择把酒店卖给了一家竞争对手，转去经营一家位于纳帕河谷的小型旅馆。

圣体教会则是让裘德感到最困难、同时收获最大的客户了。裘德从拉尔夫神父那里发现，教会里的派系可谓根深蒂固，但清晰的共同使命最终发挥了巨大的推动作用。

JMJ在布莱恩的领导下一直非常成功。裘德时不时从JMJ拿到一些小项目，但总体来说，裘德从这里所学到的远比贡献的多。多年之后，裘德依然和这家客户保持着非常紧密的合作关系。

新的征程

时光荏苒,转眼就到了卡曾斯咨询公司成立一周年的日子。裘德的业务领域更加丰富,这回他可真是如愿以偿地成了咨询领域多才多艺的"万花筒"。尽管如此,每个来找裘德的客户几乎都会把"部门壁垒"列为亟待解决的问题。

在良好的口碑效应和热情的客户推荐下,裘德的公司发展得很快。3年后,卡曾斯咨询公司已经拥有了7位咨询顾问和2位行政人员。为此,裘德在附近一家银行的二楼租下了一间小办公室。这里离家只有约5千米远,他可以中午赶回家与特蕾莎和3个女儿一起吃饭——对,双胞胎又添了一个小妹妹。

等到公司成立第8个年头时,卡曾斯咨询公司已经颇具规模了,公司有15位咨询顾问和负责处理营销、财务和客户支持等工作的5位行政员工,在医疗、科技、教育行业及非营利组织领域颇具影响力。

这天发生了一件事，就在卡曾斯咨询公司的内部会议上。

当时，裘德询问各部门对来年的市场预算有何想法，一位医疗行业咨询顾问说道："我们觉得，这次总该给我们足够的份额了吧！"

裘德皱起眉头："你刚才说什么？"

对方重复道："我们觉得……"

裘德马上打断他："你说的'我们'是谁？"

"我和弗雷德的医疗行业咨询小组啊！我们认为医疗行业今年应该值得投入更多的预算。"

裘德不由得咧嘴大笑……

理论与总结 ▶

"部门壁垒"问题

在《团队协作的五大障碍》一书中,我提到了阻碍高效团队形成的人际问题和行为问题。我坚信,建立一个富有凝聚力的领导团队是组织必须采取的第一个关键步骤,这样它才能获得成功的机会。

然而,即使领导团队能够在行为上变得有凝聚力,他们也面临着另一个挑战,一个更有结构性的挑战,这往往会阻碍他们的努力,并在组织内部造成不必要的办公室政治。这就是"部门壁垒"问题。

"部门壁垒"虽然只是存在于组织内部的部门之间的障碍,但它导致同一个团队中的人员互相对抗。我们有时称之为办公室政治、部门敌视或地盘主义。无论何种叫法,任何有一定规模的企业都难以摆脱这个令人头疼的管理问题。

有时候,"部门壁垒"问题的出现是因为组织的高层领导之间存在人际关系问题。但从多年的咨询经验来看，这种情况并不常见。大多数情况下则是因为领导们未能给自己和员工提供一个目标清晰并有感召力的工作环境。

这样的一个工作环境极为重要。如果没有它，则企业内的各级员工，尤其是领导们会很容易迷失方向，朝着不同的方向前进，而且带有不同的目的。

即使是最善意、最聪明的员工，也会被每天层出不穷的战术和管理细节所迷惑。在没有一个清晰的方向作为指引的情况下，他们被拉向许多方向，在他们的努力都将为了实现整个组织的最佳利益的假设下，他们追求做一些看似有价值的事情。

但是，当员工们注意到其他部门的同事们在不断朝着不同的方向前进时，他们开始怀疑自己是不是没有跟上公司的发展。随着时间的推移，他们的困惑变成了失望，最终变成了对同事的怨恨甚至敌意。这时，最糟糕的事情发生了——他们开始故意与有些同事作对。

实际上，这种令人发狂的问题几乎在我遇到的每个企业中都或多或少地存在。遗憾的是，很多备受折磨的企业领导者错误地认为，是员工的不成熟和缺乏安全感才导致他们之间无法合作。

但事实是，大多数员工对于部门间合作都是持认可和积极态度的。作为工作在一线的员工，当他们面对内部同事还需要浴血奋战，且这还是一场无法真正获胜的战争时，他们会饱受部门合作中的切肤之痛。

要想寻找"部门壁垒"的真正根源，我们就必须到企业的最高领导团队中去一探究竟。事实上，任何"部门壁垒"的根源最终都可以追溯到领导团队成员身上，因为他们不仅没有理解领导团队成员之间必须相互支持的重要性，而且他们没有把相互支持的理念深入地传达给下属部门的员工。

基于此，本书为这些企业领导者提供了简单实用的方法，用来帮助他们建立一个目标恰当而明确的工作环境，让各部门之间能够打破壁垒，互相支持。为此，必须为企业领导者和所有员工设计一个战斗口号，也就是所谓的主题目标。

打破"部门壁垒"的工具模型

正如寓言部分所介绍的,打破"部门壁垒"的工具模型包括以下4个组成部分:

◎ 一个主题目标。

◎ 一组分解目标。

◎ 一组标准运营目标。

◎ 评价标准。

接下来我们来详细解释每个部分的内涵,然后用案例的形式帮助大家深化理解。

主题目标

主题目标是指在一段特定的时期内,由整个领导团队乃至整个组织所共享的一个单一的、定性的目标。

主题目标的理念提倡的是，为了避免办公室政治和部门间冲突，领导团队必须建立一个清晰明确的共同目标，一个在特定时期内处于最高优先级的奋斗主题（见图1）。所有领导团队成员均认可、理解这个主题，然后用其团结企业上上下下的每位员工，并在工作可能脱离正轨时重新设定前进的方向。

主题目标	单一的、临时的、定性的、由领导团队所有成员共享的战斗口号

图1　主题目标

在深入认识主题目标之前，我们先来看一看一些常见的误区。

主题目标不是企业的长期发展愿景，不是吉姆·柯林斯和杰里·波勒斯在《基业长青》一书中所描述的远景规划。当然，它也不是一个微小的战术任务。

当然，对一个公司来说，能同时拥有不断激励员工的长期愿景和驱动日常工作的战术任务是很不错的，大部分公司正是这样做的。主题目标更像一种介于这两者之间的状态，而且我认为它的意义比前两者更为重要。这是因为它构建了一个桥梁，既可以让企业宏大的愿景更加清晰，也为繁复琐碎的战术任务提供了一个富有意义的背景。

下面我们来了解一下主题目标的几个主要特点。

1. 单一性。

在一个组织中，在一个特定时期内只能有一个主题目标。这并不意味着组织必须放弃其他理想、目标和期望，而是说不能本末倒置，不能以牺牲主题目标为代价去完成之外的事情。

每个组织都需要一个工作优先级。当一个企业受到外界影响而加了一两个主题目标之外的优先事项时，它就不符合主题目标的目的，即明确什么才是真正重要的。有一句非常简单的格言可以很好地概括这一点："如果每件事都很重要，那就没什么是重要的了。"一定要有最重要的东西。

2. 定性化。

主题目标不是一个机械的数字，甚至是无法进行简单衡量的。它只是一个对期望目标的概括性陈述。建议采用动宾短语作为主题目标的表达形式，这样能够清楚无误地告诉全体员工团结起来去做什么事情，如改善××、降低××、增加××、提高××、改变××、建立××、消除××、加速××，诸如此类。

习惯于事事看数据的企业领导者请放心，主题目标最终会通过指标、数字和完成时间来做一些界定。不过，要完成这个过程必须历经另两个阶段的目标设定，而不是主题目标这一阶段的事情。

3. 时效性。

主题目标必须被限制在一段特定的时期内完成，只有这样才能表明它是一个持续性目标而非短暂的实时性目标。另外，这也意味着主题目标在那段特定时期内就是最重要的，一定要在相应的时间范围内完成。主题目标的时间范围一般在3～12个月，具体取决于企业业务的周期性及其现实情况。

例如，一所大学的主题目标实现时间通常较长，而初创企业往往无法做出较长时间的规划。对于进入门槛高、自己有护城河的企业来说，主题目标可以给予一个较长的实现时间；而对那些明显失去发展动力、市场份额急剧下滑的企业来说，则必须考虑极力压缩实现时间，以期快速改变现状。

4. 共享性。

主题目标适用于领导团队的每个成员，无论他们的专业领域或兴趣所在是什么。有时候主题目标会和某个领导团队成员的职责范围基本重合，但为了成功实现目标，其他领导团队成员必须同样对该主题目标负责，竭尽所能地推动整个企业朝这一目标前进。

这就意味着企业的领导团队成员必须摘掉他们的职能"帽子"，如财务、营销或销售的职能，而是把自己视为领导团队的一员。他们必须敢于对自己部门以外的领域提出建议和问题，即使他们对这些领域知之甚少。

这种做法貌似会显得领导团队成员之间缺乏信任，但事实上，最富有洞察力的问题和想法往往来自更客观，甚至显得天真的视角。正所谓"当局者迷，旁观者清"，他们的看法有时候会比每天沉浸在这个领域的专家更为新颖独特。

然而，主题目标本身不足以说明企业该具体做些什么，这时候就需要分解目标站出来发挥作用了。

分解目标

确立了主题目标这一战斗口号之后,领导团队必须设计相应的行动方案,只有这样才能让团队成员明确了解需要做哪些事情来实现主题目标。这些行动方案是主题目标的组成部分和实现根基,因此我们把它称为分解目标(见图2)。

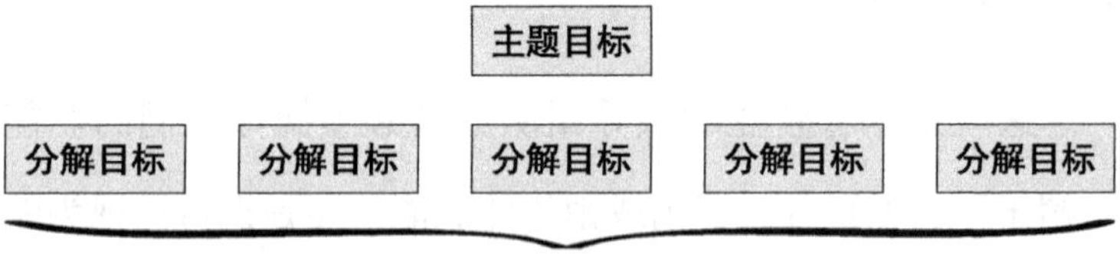

```
            主题目标
┌──────┬──────┬──────┬──────┬──────┐
│分解目标│分解目标│分解目标│分解目标│分解目标│
└──────┴──────┴──────┴──────┴──────┘
```

分解目标是主题目标的组成部分,是临时的、定性的、由领导团队所有成员共享的(数量通常为 4~6 个)

图2

和主题目标一样,分解目标是定性的、由整个领导团队共享的目标。作为主题目标的组成部分,分解目标同样需要指定完成的时间。

下面来详细看一看分解目标的这些特点。

1. 定性化。

主题目标的定性化特点让很多企业领导者深感困扰和不适,一旦来到分解目标阶段便难以克制对分解目标进行过度量化的冲动。然而，为分解目标指定数字和期限的做法很可能会削弱领导团队成员的投入度，因为很多成员往往看不到自己的工作和这些定量的目标之间有任何直接关联。

2. 共享性。

尽管分解目标看上去很适合由来自该专业领域的某领导团队成员独自负责，但是仍需强调，所有成员对实现这些分解目标都具有重要的责任和义务。即使是对该领域知之甚少的领导团队成员也必须发挥应有的作用，以确保分解目标在执行过程中尽可能得到多角度的考量和风险规避。

再重申一遍刚才的观点：很多问题的最佳洞见和理念往往来自这一领域的非专业人士。他们的想法可能幼稚简单，却是最为客观的。

3. 时效性。

当主题目标失效后，分解目标也会随之改变。

标准运营目标

除紧紧围绕主题目标进行定义的分解目标外，还有一类目标很关键,无论主题目标是什么,它们都需要领导团队加以关注和监控,这就是标准运营目标。对同一企业来说,标准运营目标持续性强,不太会随着时期的不同而发生变化。标准运营目标受行业的影响较大,不同行业的企业之间往往会有较大的差异。(见图3)

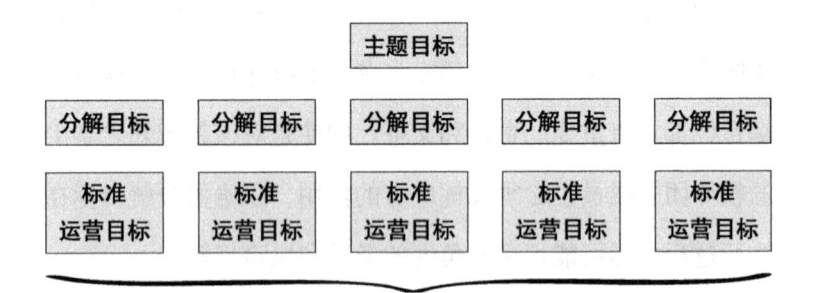

```
                    主题目标

  分解目标    分解目标    分解目标    分解目标    分解目标

  标准       标准       标准       标准       标准
  运营目标   运营目标   运营目标   运营目标   运营目标
```

标准运营目标是一个组织需要长期、持续地加以关注的目标,同样由领导团队所有成员共享(数量通常为4～6个)

图3

标准运营目标通常包括营收和开支情况,以及如客户满意度、生产率、市场份额、质量等方面的内容。领导团队需要警惕的一个错误是把营收、开支等标准运营目标混淆为企业的主题目标。如何正确理解两者之间的关系呢?

第一,不是说企业的主题目标不能包括这些标准运营目标。如果某企业在特定时期内最关注的问题就是加快营收增长，那就完全可以把它作为主题目标来使用。或者，如果企业正面临关键客户的大量流失，领导团队完全可以把提高客户满意度作为未来一段时期的主题目标。这些都没问题。

第二，不能把某个或某些标准运营目标一成不变地作为主题目标。领导者不能一贯地对员工们宣称"营收就是一切，如果达不到营收的数字目标，任何事情都没有意义"之类的说法。诚然，这句话从字面或极端的角度理解算不上错，但可以肯定它无法发挥主题目标的作用，因为它并不是特定时期才会有的目标。因此，即使地位关键，它充其量仍只是一个标准运营目标而已。如果企业领导者总是拿标准运营目标作为主题目标，日复一日地强调"提高销售"或"削减支出"，就会造成"狼来了"效应，最终丧失对员工的感召力。员工们变得疑心重重、丧失动力，只是在想："瞧，老板又开始拿'提高营收'来说事儿了，真够烦的！"实际上，把营收作为标准运营目标并不会贬低它的重要性。之所以这样做，是要传达出这样一个信息：我们在标准运营目标上的努力很重要，但光靠它还不足以成功。

评价标准

当主题目标、分解目标和标准运营目标全部确定后,领导团队就可以考虑如何去衡量这些目标了。在设定评价标准时,需要注意以下两点。

第一,脱离了这些目标,评价标准就没有任何意义。即使是最具有内驱力的员工和领导团队成员也不会仅仅因为达到了某些冰冷的数字而得到充分的鼓舞和激励。如果他们不知道如何融入更大的愿景中,那他们也不会有动力去实现目标。

第二,评价标准可以量化,但不总是量化的。很多情况下,评价指标可能只是一个特定活动完成的日期。很多企业的领导团队试图人为地为一些不可量化的活动强加一些数字标准,这是许多领导团队常犯的错误。这其实是一种不明智的做法,因为它会鼓励对量化结果的盲目追求,而不管其是否有利于主题目标的实现。

可以登录Table Group的官方网站免费下载相关模型和工具。

如何确立主题目标

乍一看,确立主题目标有时似乎很难。其实找到正确答案的关键是让领导团队讨论一段时间,而不是让其迅速地做出决定。通常情况下,团队最初认定的主题目标后来往往会变成新主题目标的分解目标。

举例来说,假设某制造厂生产的有缺陷的产品对消费者造成了伤害,如劣质的汽车儿童座椅或自行车等。在讨论主题目标时,很多人的第一感觉是"改善产品质量"。但是,更好的答案应该是"重建公司信誉"。显然,"改善产品质量"此时就成了"重建公司信誉"这个主题目标的一个分解目标。如果制造厂错误地把"改善产品质量"当作主题目标,那么历经6~9个月的努力后它会吃惊地发现自己依然处于水深火热之中。

所以,领导团队在制定企业的主题目标时必须非常耐心,要反复地提出并回答这样一个问题:"这真的是我们的主题目标吗？还是众多的分解目标之一？"

但是，如果你为识别主题目标而绞尽脑汁的话，很可能是你想多了——主题目标通常都会很简单。你可以向一位不太了解企业情况的咨询顾问，或者一位了解情况但不太过度分析的员工寻求一些帮助，他们或许会带给你一些意想不到的视角。

案例研究

以下将介绍5个不同类型企业的案例。虽然这些案例有所虚构,但都是基于真实的企业场景。通过这些案例,读者可以更好地理解这套工具模型并将其应用于所在的公司。

案例1
某国际制药公司

现状:

公司两种畅销药的专利保护到期及竞争对手对市场份额的蚕食。最近收购了一家颇具规模的竞争对手公司,以期获得该公司正在研发阶段的抗胆固醇药物并在相关领域占据一席之地。

主题目标: 完成公司合并

分解目标:

制定全面发展战略

推出统一的营销信息

打造统一的视觉外观

撤销赢利状况不佳和冗余的产品

融合后台信息系统和工作流程

实现时间：9个月

标准运营目标：

提升营业收入

细分市场份额

提升产品赢利能力

降低员工流失率

加快新产品开发和审批进度

上述主题目标的选择是否正确呢？这个问题的答案并不是绝对的，因为它很大程度上取决于领导者在商业上的考量，这一点同样适用于本部分内容的其他案例。所以，我们姑且认为上述主题目标是合理的，但也要非常清楚它可以是其他的内容，如收购额外的竞争对手公司、削减成本等。然而，无论其内容为何，都需要有这么一个主题目标来让领导者和全体员工能够团结一致地朝着一个共同的方向前进。

只有确定了主题目标、分解目标和标准运营目标，才能开始着手制定评价标准。事实上，我服务过的大部分企业都擅长制定评价标准。但要注意，评价标准不见得是量化的；即便可以量化，也不见得从最初就赋予其一个具体的数字。过早地采用量化评价标准只会诱导领导者忽视企业的主题目标而分心于数字本身，员工们也无法从枯燥的数字中获得激励。

案例2
某快餐连锁店

现状：由于越来越多的消费者开始注重健康饮食，该快餐店的销量在逐步下滑。另一方面，三明治和新鲜的墨西哥食品在快餐市场的占有率不断增长。

主题目标：重新定位，吸引健康饮食消费者

分解目标：

更新菜单内容

在本地进行新产品宣传推广

在全国范围内重新塑造公司品牌形象

按照新的市场定位重新设计餐厅设施

培训员工理解和助推新的经营理念

实现时间：12个月

标准经营目标：

保持整体营收和利润率

保持产品质量和一致性

通过所有健康检测

降低员工流失率

保持安全生产、预防安全事故

同样，设置的正确与否要看具体情况，以及领导者的考虑。

案例3
某成立两年的软件公司

现状：销售额、客户数量及员工数量的增长速度均超乎预期。

主题目标：为持续的增长做好基础性架构建设

分解目标：

部署更具扩展性和综合性的财务系统

升级客户跟踪系统

形成人力资源管理和招聘方面的策略与流程

招聘首席行政官

外包IT支持业务

实现时间：6个月

标准运营目标：

保证营收

保持现金流

留住关键客户

取得市场分析师的正向评估

获得市场和公关的积极评价

成败的关键是在这段时间内让整个领导团队和所有员工紧紧团结在统一的目标下，同时按计划进行日常运营。

案例4
某教会

现状：每周参加教区活动的人数和募得的相应款项金额均有较大的增长。

主题目标：扩大规模，满足需求

分解目标：

丰富礼拜日服务内容

增设服务设施

提供更多教育项目

增加传教活动

增募教会人手

实现时间：1年

标准运营目标：

保持出席人数增长率

保持募捐款项金额

控制支出

通过传教活动增加志愿者数量

保证教区居民和教会成员的满意度

值得一提的是，案例3和案例4说明，无论是成功还是在危机状态中，拥有主题目标都同等重要。企业要有未雨绸缪、居安思危的意识。如果在一切顺利的时候缺乏主题目标，那么在未来出现危机时付出代价的概率会大大增加。

在案例3中，如果缺乏夯实内功、做好基础建设类的主题目标，公司将在管理上遇到重重困难，导致内部的矛盾和压力不断累积。员工要在"部门壁垒"中付出双倍努力才能维持日常运营，客户满意度则很难保证，公司还会面临一步步滑向危机深渊的可能。

在案例4中，如果教会不能正视并满足教区对教会服务需求的增长，无疑会降低教会成员的满意度。待发展时机错过之后，教会管理者将为没有早点设立"满足需求"这一主题目标而深感遗憾。

案例5
某大学

现状：入学率、新生平均成绩和年度排名连续三年出现下滑。

主题目标：挽回学校的声誉

分解目标：

提升重点学科师资水平

面向优质生源设立新的奖学金计划

对地区内的主要生源学校开展营销

聘请公关公司

恢复校友杂志和通讯录的印发

实现时间： 18个月

标准运营目标：

保持整体学费收入

控制支出

降低转学率

提高毕业率

保持毕业生就业率/读研率

本案例对实现时间的设定相比其他案例都要长，大学的日程表和组织文化决定了主题目标需要更加深思熟虑的实施方案。

围绕主题目标进行管理

一旦领导团队确定了企业的主题目标、分解目标和标准运营目标,接下来就必须把它们贯彻到企业运营的过程中去。领导团队的例会(通常是周例会)是一个非常好的用来审视和讨论这些目标的场合。

在我的另一本书《别被会议累死》中,我建议领导团队的例会抛弃预设议程的做法,而应该采用实时议程取而代之。也就是说,在会议现场通过两个步骤实时地设计议程,整个过程加起来不会超过10分钟。

首先,给每位领导团队成员30秒钟,汇报下周要做的3件最重要的工作。即使团队成员多达12名,最多也只需要6分钟。

接下来,集体审视由分解目标和标准运营目标组成的清单,为它们做分级评价。

为方便理解，我们把案例2中快餐连锁店的主题目标、分解目标和标准运营目标整理在图4中。大家可以看到，每个目标下方标示的颜色代表一个简单的定性评价。这是领导团队集体分级评价的结果，利用他们的直觉来判断哪些方面做得好，哪些方面还有待改进。

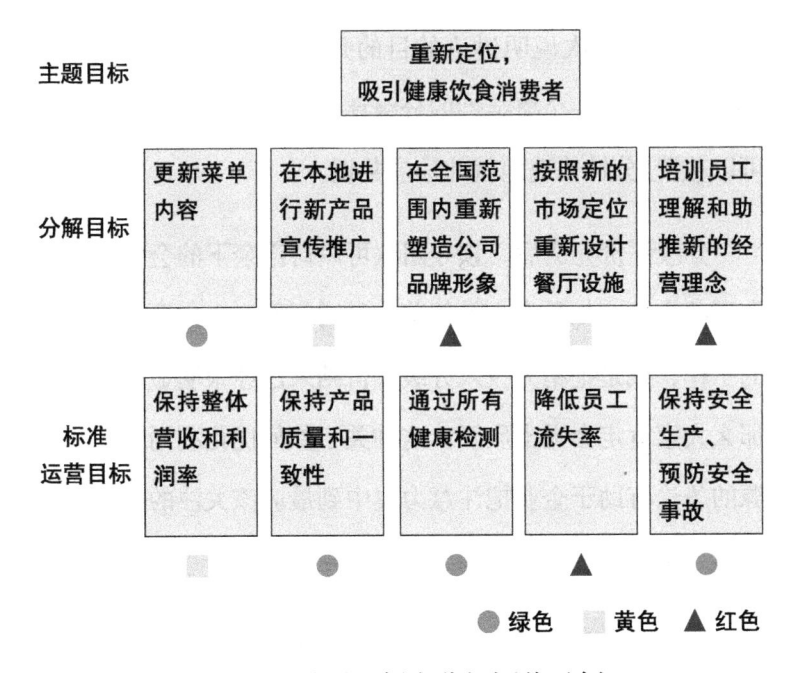

主题目标	重新定位，吸引健康饮食消费者				
分解目标	更新菜单内容	在本地进行新产品宣传推广	在全国范围内重新塑造公司品牌形象	按照新的市场定位重新设计餐厅设施	培训员工理解和助推新的经营理念
	●		▲		▲
标准运营目标	保持整体营收和利润率	保持产品质量和一致性	通过所有健康检测	降低员工流失率	保持安全生产、预防安全事故
		●	●	▲	▲

● 绿色　　黄色　　▲ 红色

图4　领导团队例会分级评价示例

假设营收情况并不乐观，销售部副总裁肯定无法把营收目标评价成代表进度良好的绿色。如果他试图那样做，就会有CFO或其他人站出来说："等等，这一项怎么能是绿的呢?"从中可以看出,这个方法能让领导团队的所有成员对每个目标进行讨论,对每件工作的轻重缓急达成共识。

此时,最高领导者肩负了一项打破僵局的特殊任务。如果大家对某个目标拿不准主意,不知道该选红色还是黄色,最高领导者可以站出来对大家说:"那好,我们就选黄色吧。"这也再次说明讨论的目的并不是精确地描述目标进展,而是要做一个概括性的分级评价——大部分领导团队都可以花费5分钟快速地就此达成共识。

分级评价完成后,领导团队可以讨论余下的会议时间用在哪些方面。如果有人希望花大量时间研讨和主题目标无关的工作,或是把精力投入分级评价结果已经很明显的领域,那么大家肯定会提出质疑。这种关于如何优化利用时间和资源的争论有助于企业把注意力集中到最应该关注的问题上。显然,正是主题目标提供了这种讨论的基础。

从图4可以清楚地看到,对这家快餐连锁店的领导团队来说,有两个议题是最重要的——重塑品牌和员工发展。

在重塑品牌方面,可以看出重塑品牌工作落后于公司的广告业务和餐厅重新设计工作。所有领导团队成员,不光是市场负责人，都必须积极参与这项工作，弄清楚围绕这项任务需要做些什么，协助重塑品牌的顺利实施。在此项工作中，有些人或许会做出直接贡献，另一些人可能只是调用了自己部门内的资源，起到间接的帮助作用。无论哪种情况，关键在于每个人充分地意识到：他们个人的成功取决于共同目标的实现。

然而，这并不代表可以允许个别领导团队成员在工作中偷奸耍滑或不履行承诺。他们一方面要共担主题目标的责任并为之努力奋斗，另一方面也必须互相提醒，对彼此的工作表现负责。

员工发展是这家快餐连锁店的领导团队必须讨论的另一个主要方面，具体存在两个问题：一是公司的离职率太高，二是留下来的员工中很少有人了解公司新的发展方向。显然，这绝非人力资源部一个部门的责任。可以说，从运营到营销，每个人都必须投入到降低员工流失率和开展员工培训的工作中去。有了全体领导团队成员的支持，我们在必要时可以选择减缓公司在某些方面的发展势头（如成立新餐厅）来加速另一方面的进步（如培训现有员工理解公司新的价值主张）。

如果其他问题不值得讨论，那么品牌定位和员工发展这两个方面就是本次领导团队会议的主要议题，而无须在更新菜单或通过食品卫生检测等方面浪费宝贵的时间。

很多领导团队都存在一个常见的现象：企业领导者无视具体问题的重要性和实施进度，把时间平均分配在所有的部门和所有的议题上。原本用来解决问题的会议演变成本部门情况的介绍会。这只会加深部门间的隔阂，降低整个团队对重要问题的关注度。

如果评价系统中没有清晰的分解目标和标准运营目标，上述问题很难避免。当然如果没有主题目标，更是无源之水。

主题目标与远景规划

当一个主题目标顺利完成后，企业自然要紧跟着推出新的主题目标。这时就会产生这样一个问题，这些目标是不是应该属于企业长期战略发展方向的一部分呢？

答案是肯定的，但要有一些限定条件。

企业领导者在制定规划时极易陷入下面两种极端情况

之一：

◎ 他们根本没有真正的长期规划，只是根据短期需求做出决策。

◎ 他们会制定冗长烦琐、高度复杂的3年或5年战略规划，最后往往演变成不切实际、费时费力的无效目标。

尽管我认为过多的细节信息在辅助决策和优先级排序方面要好过什么也没有，但两者都有可能陷入同样的盲目中。成功的企业总是能在长期预测和临时应变之间保持微妙的平衡，这就需要企业具备一种能提供恰当背景信息的规划方法。

主题目标恰恰能够提供这样的背景。它的执行时间是6~12个月，大部分企业都能够准确地加以管理。如果时间段过长，企业会感到目标遥不可及、缺乏动力。与此相反，那些以天或周为期限的短期目标无法为领导者和员工提供足够的时间，让他们去放手解决艰难的任务。

也许有人会问，这么说的话是不是表示每周报表就完全失去存在的意义了？当然不是这个意思。不过它们应该是建立在主题目标的背景下。

那么，3年或5年规划呢？我认为也没什么问题，只要满足两个前提。一是它们不能取代主题目标，二是在动态市场环境下不要墨守成规，抱着僵死的规划不放。

至于远景规划，每个企业大概都会有。正如柯林斯和波勒斯在《基业长青》中所描述的企业的核心目标一样，远景规划可以赋予企业领导者和员工崇高的使命感，让他们每天起床后涌动着奋斗的激情，但它无法针对下一步工作重心的安排提供足够的指导价值。

事实上，即使所有领导团队成员对企业的远景规划有足够的认同，他们也经常会发现自己带着不同的理解去工作。以一家社区医院为例，假设它的远景规划是要成为全世界最好的社区医院。医院的每位领导团队成员都完全投身于这个宏伟目标，他们之间还是很可能出现"部门壁垒"问题。这是因为每位领导团队成员的职责分工不同，对如何实现宏伟目标的理解也不同，因此就会各自带领各自的部门朝着不同的方向前进。

因此，主题目标凸显了重要的衔接作用。没有主题目标，远景规划会和日常工作彼此脱节；而每周报表则会变成武断的、毫无意义的数据。

总的来说，如果企业建立清晰的主题目标并传达给每位员工，员工们能够在忙碌的日常工作中受到它的指引。员工们可以从主题目标中看到，将企业的远景规划和短期目标紧密结合在一起，既非遥不可及，也非唾手可得。

主题目标与矩阵式组织结构

我不太确定为何很多企业热衷于采用矩阵式组织结构。诚然，这种模式具有灵活性和协作性等特征，但它也会造成很多混乱和冲突。这种组织结构对消除"部门壁垒"毫无裨益，只会让那些不得不向多个部门汇报工作的企业员工出现精神分裂和认知失调。

既然矩阵组织已经存在了，我们就得搞清楚如何在这种组织结构中玩转主题目标。令人欣慰的是，主题目标刚好可以把矩阵型汇报结构从一种制造混乱的工具转变为凝聚合作的手段。

矩阵型组织的真正问题在于，置身其中的员工很难，或者说根本无法同时取悦两个没有隶属关系的部门领导。通过在组织内部设立明确的、唯一的主题目标，然后识别出相应的分解目标和标准运营目标，企业可以较好地帮助员工摆脱在夹缝中求生存的恐惧。

反过来说，当某个员工感受到来自矩阵的撕扯时，就给了领导者一个发现管理缺陷的绝佳机会。这种"部门壁垒"带来的撕扯，充分说明企业的主题目标和分解目标未能在组织内得到有效沟通，或者企业领导团队根本没有利用这些目标来进行管理。

打破壁垒从现在开始

领导团队要想成功建立主题目标和其他相关目标,第一步就是拿出足够的时间来讨论,分清楚各项工作的轻重缓急。我认为这项工作至少需要用两小时才可能产生比较好的效果。

在一些情形中,领导团队需要回溯到企业的整体战略进行讨论,达成共识后才会有建立主题目标的基础背景。这样的话,至少需要一整天的时间。

有些领导团队成员手头有成堆事情亟待处理,因此不太愿意浪费一天时间坐在会议室里讨论问题。事实上,每个应用了这项管理工具的团队,最后都对企业目标产生了明确的认识。大多数情况下,这些领导团队会做出专门的承诺以隔绝外界嘈杂的干扰,转而把注意力集中于那些真正重要的方面。

通过为领导团队创建统一的目标，帮助他们理解每个成员对此目标的贡献，以及让全体员工力出一孔变得容易，你很快就会发现，这项工具为你节省的时间和精力简直难以想象。

而这一切，可能只需要花费两天的时间。

致　谢

太多的人需要感谢，虽历历在目，终究挂一漏万，无法尽书于此。但请你们相信我心中诚挚的感谢之情。

首先要感谢的是我的妻子劳拉，感谢你的热情真诚及对我和孩子们的爱。当然，我也要感谢我的儿女康纳、马修、凯西和麦克，感谢你们的爱和笑声给了我无尽的鼓励。

我要感谢我的父母里奇和莫林，我的哥哥文斯，妹妹丽塔玛瑞，感谢你们始终如一的支持。此外，同样要感谢的是我的整个家族，其中包括来自爱尔兰和意大利的亲属及我的姻亲，感谢你们对我因工作繁忙而无法相陪的谅解。

致谢

大力感谢我在Table Group公司的同事。感谢你们为公司所做的贡献，并且让每天的工作都充满乐趣。不仅仅是对本书的贡献令我无法忘怀，你们在我的人生中也占有重要的地位。特别要表示感谢的是翠西，没有你的帮助这本书的问世就无从谈起。

我还要感谢来自圣伊西多尔教会和学校的朋友，感谢我的邻居和童年时代的朋友，感谢你们教会我如何去爱身边的每个人。感谢我生命中的几位新朋友和人生导师，他们分别是马修·凯利、汤姆·劳瑞、帕特·里奇、鲍尔森·穆旦马尼神父和肯·布兰杏德，感谢你们在我成长历程中的指引，你们的友谊和教导对我来说弥足珍贵。

感谢我的客户让我学到许多，能为你们效劳是我之荣幸。感谢本书的编辑和出版代理苏珊·威廉姆斯和吉姆·莱文，谢谢你们的巨大支持。感谢Jossey-Bass/Wiley出版社全体同人，感谢你们对我和Table Group公司的帮助。

延伸阅读

作者其他中译版图书介绍

《优势》（The Advantage）

组织最重要的竞争优势是什么？优秀的策略、快速的创新还是聪明的员工？畅销书《团队协作的五大障碍》作者帕特里克在本书中会告诉你答案：组织健康。他将20年的写作、现场研究和为世界知名组织的高管提供咨询的经验进行了总结，将真实的故事、轶事与可行的建议结合起来，创作了本书。作者以通俗易懂的语言证明了在一个组织中实现巨大进步的最佳途径莫过于消除功能障碍、政治和混乱的根源。

《CEO的五大诱惑》（The Five Temptations of a CEO）

故事的主人公安德鲁升任CEO一年以来，业绩平平，相比之下，他的精神状态更加困扰他。他在地铁上碰到的古怪老人查理，主动过来跟他聊天，帮他找到精神困扰的原因，就是

CEO的五大诱惑。3年以后,安德鲁的公司取得了惊人的变化。

本书的前半部分是一部精彩的商业小说,神秘、流畅、悬念迭出;后半部分是专业的模式诊断,深刻、犀利、论述周详。这种深具兰西奥尼特色的写作方式已经在商业管理图书中大获成功。几乎每位领导者都可以从小说中找到自己的影子,同时在专业的模式分析中找到失误的深层原因和应对策略。

《CEO的四大迷思》(*The Four Obsessions of an Extraordinary Executive*)

在许多方面都很相像的两个CEO——都是当地一流的技术咨询公司的CEO,同期就读于同一所学校的同一学院,都是讨人喜欢的体面男人——他们所带领的公司的情况却几乎天壤之别:一个被商业报纸视为至爱,行业分析师总是奉承巴结,客户对它赞不绝口、不离不弃,优秀人才趋之若鹜,而另一个的情况却截然相

反，以至于外部顾问都认为这两家公司相同点之少，使人极难进行比较。造成这一切的原因在于，前者的CEO掌握了打造健康组织的秘诀：健全组织的四项行动准则！

本书的前半部分是一部精彩的商业小说，充满魅力，极富启发性；后半部分是关于团队建设的专业剖析。书中关于四大行动准则的精准分析，为创立健康的组织提供了一幅清晰的路线图。遵循这个简单的方法，你的企业会变得士气高昂、创造力超强，还能降低不必要的人员流动率和招聘费用，成为一个极具吸引力的高效组织。

《理想的团队成员》（*The Ideal Team Player*）

从事高科技行业的杰夫决定摆脱充满压力和交通堵塞的生活环境，离开硅谷去纳帕谷接手叔父的建筑公司。上任后，他急于恢复公司团队文化，致力于打造更有效的高水平团队。在这个过程中，他认识到一个理想的团队成员应该具有3个不可或缺的品德，通过这些品德来形成公司的文化，才能拯救这个公司。为此，他必须面对失去一些有能力而不太懂得如何进行团队协作的员工，并说服他偏激的运营部副总裁，而不是在短期业务的压力下降低公司的招聘标准。

在故事之外，作者提出了一种实用的框架和可操作的工具，用以识别和发展理想的团队成员。无论你是一个领导者，试图创建团队协作精神，还是一个想要提升自己的团队成员，你都将从本书中获益良多。

《示人以真》（Getting Naked）

一家全球知名的咨询公司的高级咨询顾问，最讨厌一家规模远小于自己公司的小咨询公司的竞争对手了，因为他们常常被打败。可是令他无奈的是，在他有机会晋升的关键时刻，他被要求去接管这家公司，因为他们收购了它。在充满敌意的接触中，他惊奇地发现，对手成功的原因其实非常简单……

本书通过引人入胜的故事揭示了发人深省的商业价值观，根据作者创建的圆桌咨询公司十几年来的深刻经验，用幽默的、深入浅出的语言总结出服务业制胜的精髓所在，分享了咨

询业的秘密和客户服务之道。

书中提出"示人以真"的理念、"裸式服务"的概念,并总结了一个三大恐惧模型,对组织领导者、顾问、销售人员及其他需要长期跟客户打交道的人来说,这个模型都揭示了一个服务者为何无法赢得客户的信任和忠诚的根本原因。

最后,作者在书中总结了克服这些恐惧的具体方法,以使读者取得成功。

《动机》(The Motive)

一位即将下岗的CEO向最后的希望——咨询公司求救,却意外接到了竞争对手企业CEO的电话……作者通过两位具有截然不同领导动机的CEO的故事,帮助领导者认识领导动机对个人及企业深刻的影响。书中包含简单的自我评估,帮助领导者认识真我,并针对自我评估结果给出了帮助领导者重新审视自己成为领导者的动机、成就卓越的实用工具与建议。

以上图书的中文版将由电子工业出版社出版,各大新华书店及当当、亚马逊、京东等网上书店均有售。

培训与咨询

克服团队协作的五种障碍导师认证课（第3版）
电子工业出版社世纪畅优公司获得美国Table Group独家授权举办

为企业打造具有高凝聚力的卓越团队，为组织的健康情况进行诊断，通过强化组织清晰度提高竞争力，这一切都需要在世界一流导师的培训下，通过学习与演练，获得权威的认证许可，提升培训与咨询能力，为组织创造更大的价值。

克服团队协作的五种障碍工作坊（第3版）
Overcoming the Five Dysfunctions of a Team

工作坊目标：致力于帮助企业建立高绩效的领导团队，极大地提高团队凝聚力与执行力，为提升组织健康度打下基础。

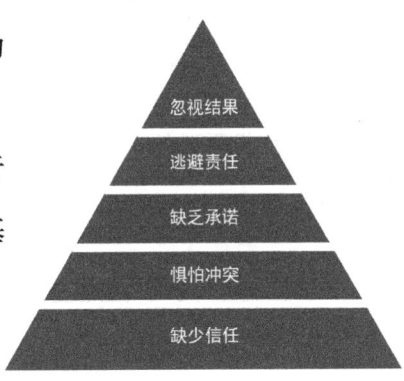

工作坊分为两种形式。

金字塔（自上而下）：
- 忽视结果
- 逃避责任
- 缺乏承诺
- 惧怕冲突
- 缺少信任

一、克服团队协作的五种障碍工作坊：真实领导团队工作坊

本工作坊针对企业领导者及其直接下属的真实团队设计，具有高互动性、快节奏的特点。领导团队在深入学习兰西奥尼畅销书《优势》《团队协作的五大障碍》中的模型及概念的同时，可先通过团队评测评估团队现状，再通过深入的互动研讨，帮助团队成员就团队协作原则达成共识，最后通过体验与案例学习，帮助成员掌握可以直接落地的工具与策略，朝着成为一个高凝聚力团队的目标迈出一大步。

为期两天的工作坊都是根据领导团队的真实情况及学习目标而定制的，能够帮助成员：

◎ 全面了解在建立和维持一个有凝聚力的团队中的期望和挑战。

◎ 评估并立即在克服团队潜在功能障碍方面取得进展。

◎ 讨论团队会议的有效性及其对团队整体成功的贡献。学习高效开会的工具与方法。

◎ 审查和验证组织的方向。通过对建立组织清晰度的六个关键问题的互动讨论，确保团队成员之间的协调一致。

◎ 讨论有效的内部沟通的关键点及重要性，确保任何必要的变化都可以在整个组织中保持一致性。

◎ 确立一个行动路线图，以确保领导团队具有更高的凝聚力

◎ 创建一个团队脚本，以帮助领导团队引领组织成功转型为一个健康的组织。

二、团队领导者工作坊

面向组织中来自不同团队的领导者开展。工作坊帮助领导者理解团队协作五种障碍模型，了解提升团队凝聚力的路径与方法，制订提升团队凝聚力行动计划。

以上两个互动性很强的工作坊给学员提供了既实用又可以立刻见效的工具和策略，并帮助学员在今后的工作中持续正确应用。

组织健康是组织唯一的竞争优势
Organization Health Is a Unique Competitive Advantage

打造组织健康的真实领导团队工作坊，是组织迈向健康的最理想起点。贯彻型咨询项目是提升组织健康度的有效保障。

图中圆环内容：
1. 建立富有凝聚力的领导团队
2. 打造组织清晰度
3. 反复充分沟通组织清晰度
4. 强化组织清晰度
中心：组织健康

一、真实领导团队工作坊

领导团队工作坊针对团队领导及他的直接下属设计，具有高互动性、快速推进的特点。开展工作坊能够使以组织领导为首的领导团队有机会对其组织的健康度进行评估，建立领导团队黏性，并识别能够最大化组织优势的特定行动。

在工作坊期间，领导团队将深入学习兰西奥尼畅销书《优势》《团队协作的五大障碍》中的基本概念，并学习如何将这些理论概念付诸实践。两天的工作坊中，包括简短的讲解、实践活动的演练，以及为了落实组织健康四原则，针对参加工作坊的特定领导团队及组织自身开展的定制化的研讨。

工作坊中的团队活动与研讨，都针对参加工作坊的领导团队所在组织的真实商业活动而展开，工作坊参与者不会感觉他们仅仅是学习一种理论，或者感觉学习与工作不相干。

二、提升组织健康度贯彻型咨询项目

在健康的组织中，领导团队相互协作，不存在办公室政治与混乱，整个组织都为了组织共同的目标而工作。

◎ 开展《克服团队协作的五种障碍：真实领导团队工作坊》是实现组织健康的起点

《克服团队协作的五种障碍：真实领导团队工作坊》是组织迈向健康的最理想起点。它为领导团队提供了一个机会以评估组织的整体健康状况，有效地提升团队的凝聚力和一致性，并确保推动向健康组织转型的行动可以有效开展。

◎ 开展贯彻型咨询项目是实现组织健康的有效保障

基于兰西奥尼畅销书《优势》中的模型，咨询顾问提供讲座、工作会议、团队练习和讨论等组合形式来落实组织健康的四个阶段，帮助组织定制化地设计出符合基于自身现状而打造组织健康的行动路径，并保证所给出的行动路径可以在组织内长期确立并采用。

阶段一：建立富有凝聚力的领导团队

阶段二：打造组织清晰度

阶段三：反复充分沟通组织清晰度

阶段四：强化组织清晰度

如需了解版权课程导师认证、版权课程资料销售、市场推广及相关课程交付服务，可通过cv@phei.com.cn联系电子工业出版社世纪畅优公司。